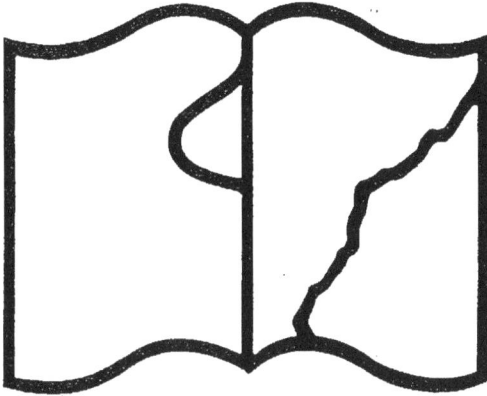

Texte détérioré — reliure défectueuse

NF Z 43-120-11

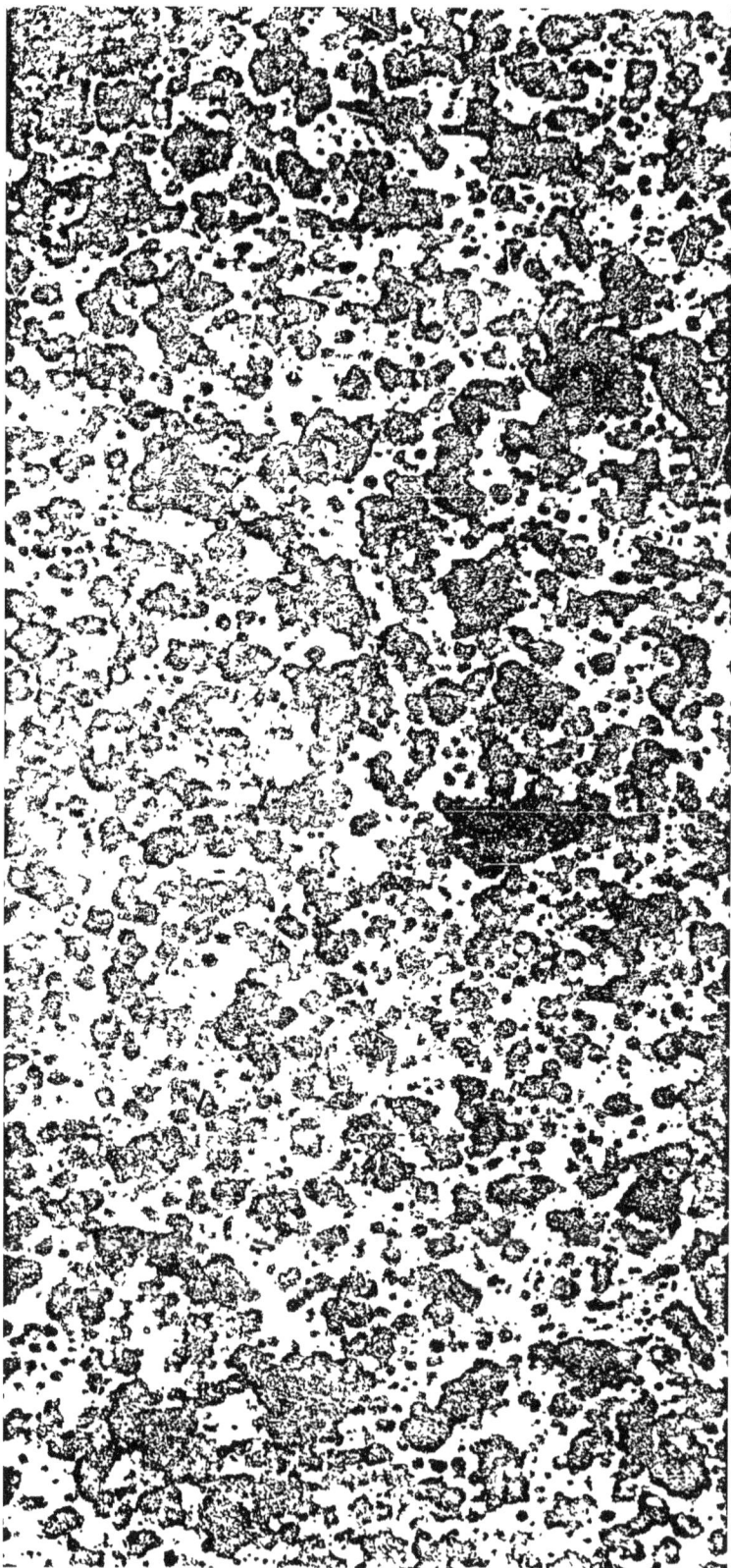

URBS   CULTISSIMA

Montdidier
et
son histoire

Edité chez **GROU-RADENEZ**, Imprimeur

URBS CULTISSIMA

Montdidier
et
son
histoire

Edité chez GROU-RADENEZ, Imprimeur

Montdidier

et son

Histoire

La Ville, ses Monuments

ses Promenades

et ses Grands Hommes.

Par L. MEUSNIER

DESSINS DE L'AUTEUR

ÉDITÉ CHEZ GROU-RADENEZ, IMPRIMEUR.

—

1911

AVANT-PROPOS

Si l'on veut vraiment apprendre l'Histoire de Montdidier, c'est un ouvrage didactique qu'il faut consulter et à ce point de vue l'" Histoire de la Ville de Montdidier *", par M. Victor Cauvel de Beauvillé est le meilleur qui soit.*

Mais il a un gros défaut pour notre époque pressée et de vie trépidante : Il est en trois forts et lourds volumes.

Ce n'est pas commode à emporter en excursion à travers la ville. D'autre part, comme on n'a plus guère le temps de lire, si ce n'est parfois un journal, recherche-t-on volontiers les guides, qui sous un petit format tiennent tout entiers dans la poche, pour les consulter hâtivement sur un fait, sur une date, au cours de la visite rapide d'une ville ou d'un monument.

Il n'y en avait pas pour Montdidier et le voyageur qui, par hasard, y dépensait quelques heures, se voyait déçu, de ne pouvoir s'intéresser à l'histoire de la ville, pourtant si intéressante; visitait distraitement ses monuments et s'en allait, sans en emporter aucune impression sinon celle de l'ennui, car pour apprécier la beauté des choses, il faut revivre la vie des pierres, ne serait-ce qu'un instant.

Ce petit livre comblera cette lacune car il est écrit pour le passant, s'il est curieux...

Mais il n'y faut pas chercher des aperçus nouveaux ou des documents inédits : il n'y en a point.

C'est un guide. Il est sûr; mais ce n'est qu'un guide.

L. M.

LA COUVERTURE

L'image centrale représente une vue des fortifications de Montdidier au XIII° siècle : La Tour de la Porte Becquerel et la Tour des Juifs dans le fond. Une fumée noire monte des faubourgs incendiés ; les lueurs de l'incendie rougeoyent les murailles et illuminent le ciel.

Les épis de maïs de la bordure rappellent la richesse des plaines de la Picardie et l'abondance apportée en France par les travaux de Parmentier sur la pomme de terre.

En haut sont les Armes actuelles de la Ville et les canards en symbolisent les pâtés renommés.

A gauche, le bonnet de la République est posé sur les faisceaux des licteurs munis de la hache.

Au-dessous sont les écussons suivants tirés de l'armorial général de France ; généralité d'Amiens :

La ville de Montdidier : d'or à un sautoir de sinople chargé en cœur d'une merlette d'argent.

Le corps des officiers du bailliage de Montdidier : d'or à une bande de sinople chargé d'une merlette d'argent.

Le corps des officiers de la Prévôté royale de Montdidier : d'argent à une bouterolle d'azur.

Le corps des officiers du grenier à sel : d'or à une cloche de sinople.

La communauté des marchands drapiers : d'argent à une pairle de sinople.

TABLE DES MATIÈRES

TABLE DES DESSINS

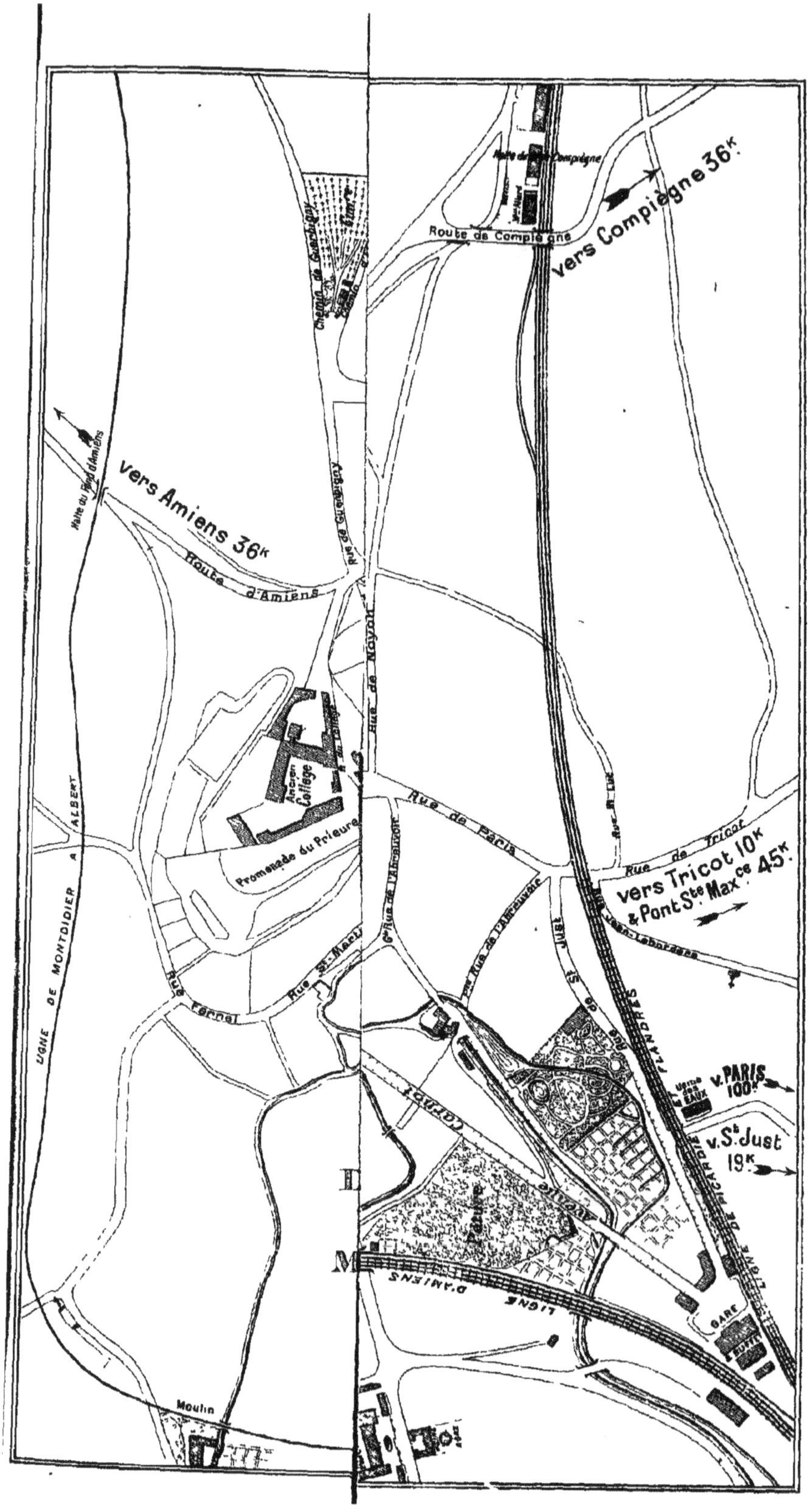

vers Compiègne 36K
Route de Compiègne
Chemin de Guehigny
vers Amiens 36K
Halte du Fond d'Amiens
Route d'Amiens
Rue de Guehigny
Rue de Noyon
Ancien Collège
Promenade du Prieuré
Rue de Paris
Rue de Tricot
vers Tricot 10K & Pont Ste Maxce 45K
Rue de St Just
Rue St Macl
Rue Fernel
LIGNE DE MONTDIDIER A ALBERT
LIGNE D'AMIENS
LIGNE DE PICARDIE FLANDRES
v. PARIS 100K
v. St Just 19K
GARE
BUFFET
Moulin

PLAN
DE LA VILLE
DE
MONTDIDIER

Montdidier et son Histoire

LES ORIGINES

Les origines de Montdidier sont fort incertaines et le premier historien connu qui fasse mention de son nom est un nommé Orderic Vital ; en parlant de la défaite qu'essuya à la bataille de Mortemer Raoul de Crépy (1054) il appelle ce dernier *Radulpho de Monte desiderii.* Il paraîtrait que cent ans avant lui un moine de Centule avait déjà mentionné le nom de Montdidier. Par conséquent avant le X⁰ siècle l'existence de Montdidier semble inconnue.

César dans ses commentaires raconte qu'après avoir soumis les Suessions il marche contre les Bellovaques qui attendent le choc dans le camp retranché de Bratuspantium. C'est une ville placée sur un rocher, dans le Beauvaisis, sur la frontière de l'Amiénois. On a voulu y voir la description de Montdidier d'autant plus que dans le faubourg de Paris un vallon s'appelle Val-à-Carré, qui par corruption vient de Val de César : *Vallum a Cæsare.* Ce serait là que César aurait établi son camp. Mais d'autres font remarquer que Montdidier et Bratuspantium n'ont aucun rapport de nom et qu'une ville aussi considérable que Bratuspantium n'eut pu disparaître sans laisser quelque trace. Aussi pensent-ils la découvrir sous

1

le nom soit de Grattepanse près Ferrières soit de Gratte-panche près Amiens. Il y a là quelques ruines en effet. Mais dans une étude très documentée, publiée en 1844, l'abbé Barraud place Bratuspantium dans la vallée Saint-Denis entre Breteuil et Vendeuil. Son opinion doit être admise sans discussion possible. En tous cas le Bratuspantium des commentaires n'est pas Montdidier.

On estime généralement que la ville tire son nom de Didier, dernier roi des Lombards qui fut fait prisonnier à Pavie, par Charlemagne, en 774 et détrôné.

Didier, emmené en France, fut ainsi que sa femme Ansa, d'après ce que raconte le moine Epidan, enfermé dans le monastère de Corbie, où il mourut. Il y a lieu de supposer que Didier, après avoir donné des gages de sa soumission, obtint de faire relâcher la surveillance dont il était l'objet et vint habiter sur l'emplacement actuel de Montdidier, dans un château ou une ferme fortifiée dépendant de l'Abbaye de Corbie qui n'est qu'à une trentaine de kilo-mètres de Montdidier. Ce château était-il sur le rocher ou dans la vallée ? on ne sait. Le séjour du roi est d'ailleurs une pure conjecture, mais à l'aide de laquelle on parvient à expliquer le nom de la ville : *Mons Desiderii,* Montagne de Didier.

LES COMTES DE MONTDIDIER

Le premier qui prit le nom de comte de Montdidier, à ce qu'on sache, fut Hilduin, comte de Montreuil ou de Ponthieu. Dans une charte de l'an 1060, Philippe Ier, roi de France, déclare que Hugues le Grand, père d'Hugues Capet, ôta à l'Eglise Saint-Germain-des-Prés, la terre de Cambis en Brie et la donna à Hilduin, comte de Montdidier. C'était un puissant seigneur car il était en même temps comte d'Arcis-sur-Aube et de Rameru. Il aurait été en possession du comté de Montdidier vers 900 environ ; époque où furent transportées de Paillart à Montdidier les reliques des Saints Lugle et Luglien. La tradition mentionne qu'il aurait, ainsi que sa femme Helvide, assisté à la translation. Il serait mort avant Hugues le Grand ; c'est-à-dire entre les années 948 et 956 et très vieux. Ses fils furent Hilduin II et Manassès, évêque de Troyes, mort le 3 juin 991.

Les comtes de Montdidier.

Hilduin, second comte de Montdidier, fut un terrible homme, se plaisant à la guerre, au vin, au jeu et aux filles. Ses besoins d'argent durent être cruels car à maintes reprises il rançonna durement les couvents. Une fois vieux, Asson, abbé de Montier-en-Der, prit de l'empire sur lui et lui persuada pour faire pénitence d'aller en terre sainte. Ils partirent ensemble, mais Hilduin mourut en route, croit-on, et son corps fut déposé dans une île de l'Archipel. Tel était l'effroi que ce turbulent seigneur avait su causer par ses brigandages, ses viols, ses rapines et ses exactions, qu'on lui donnât après sa mort les aïeux les plus illustres.

Hilduin III son fils et Hilduin IV son petit-fils n'eurent pas sans doute les vertus guerrières de leur aïeul, car Raoul de Crépy s'empara du comté entre 1033 et 1054. Celui-là c'était un maître homme « Trouvait-il un château à sa convenance, » dit Guibert de Nogent, « il l'assiégeait. Place attaquée, place prise, tant était grande son habileté dans l'art des sièges ; de toutes les places qu'il prenait il n'en rendait aucune. »

Les successions, les femmes ou la guerre firent Raoul comte ou seigneur d'Amiens, Pontoise, Mantes, Chaumont, Vitry, Bar-sur-Aube, du Vexin, du Valois, de Crépy, de Péronne et de Montdidier. Il eut trois femmes : Adèle qui mourut, Eléonore qu'il répudia et Anne de Russie, veuve de Henri I⁰ʳ roi de France et mère de Philippe I⁰ʳ qu'il épousa en 1062. Eléonore fit le voyage de Rome et se plaignit au pape Alexandre II, qui enjoignit à Raoul de reprendre sa femme. Celui-ci n'en eut cure et fut excommunié. Telle était sa puissance qu'il n'en prit aucun souci et continua à guerroyer comme devant. Se trouvant à Montdidier il tomba malade et mourut au bout de quelques jours, le 8 septembre 1074. C'était dans l'église de cette ville qu'il avait fait préparer son tombeau ; il y fut enterré bien qu'excommunié.

Au moment où Raoul de Crépy, mourait, son fils Simon se trouvait à Rome. Le roi de France Philippe I⁰ʳ profita de cette absence pour s'emparer de ses états. Mais Simon qui avait de qui tenir, revint à franc-étrier et après une longue guerre qui tourna à son avantage força le roi à un accommodement : toutes les places qui lui avaient été enlevées lui furent restituées (1076).

Par un revirement assez fréquent à l'époque, cet homme de guerre qui avait fait preuve de tant de qualités viriles entra dans les ordres et prit l'habit en 1077. Une circonstance banale en elle-même, mais qui frappa fortement son imagination, détermina certainement sa vocation. Raoul de Crépy, avait suivant sa volonté été enterré à Montdidier, Simon voulut faire transporter à Crépy le corps de son père, sans doute pour que Raoul reposa dans le tombeau de ses ancêtres. Le cercueil ayant été sorti de la fosse, Simon voulut s'assurer de l'identité du corps ; la bière fut ouverte et le cadavre en décomposition de Raoul apparut. Simon en fut très impressionné ainsi que le raconte Guibert de Nogent. Thibaut de Mailly au sujet de cette exhumation raconta même des choses merveilleuses : Simon fit ouvrir le tombeau de son père et trouva dans sa bouche un serpent plus que demi, qui li mangeant la langue, dont jura etmenti. On essaya, pour détourner Simon d'embrasser la vie religieuse, de lui faire épouser Judith, fille de Robert II, comte d'Auvergne. Il feignit de se rendre aux instances de ses amis, mais sous prétexte de faire sa cour, ce bel amoureux évangélisa ; si bien, que, le jour fixé pour le mariage, Judith s'enfuit de la maison paternelle et prit le voile au monastère de la Chaise-Dieu en Auvergne.

Malgré ce scandale une union avec sa maison était si recherchée que Guillaume le Conquérant invita Simon a le venir voir et voulut lui faire épouser sa fille. Celui-ci prétextant un degré de parenté qui empêchait l'alliance manifesta le désir d'aller à Rome solliciter une dispense. Il partit, mais au lieu de continuer jusqu'à Rome, il s'arrêta à Saint-Claude où il prit l'habit. Toutefois il ne s'isola pas du monde, car à un moment donné il se rendit en Normandie pour rétablir la bonne intelligence entre Guillaume le Conquérant et son fils Robert Courte-Heuse et une autre fois il fut chargé par Grégoire VII, d'une mission diplomatique en Italie pour négocier la paix entre le Saint-Siège et Robert Guiscard. Lors de cette mission il s'attarda à Rome, tomba malade et y mourut le 30 septembre 1081 selon du Cange, le 29 septembre 1082 suivant les Bénédictins. Il eut de superbes funérailles, évêques, abbés, moines, trente-cinq confréries y portèrent des torches allumées suivant la mode romaine. Grégoire VII voulut l'honorer d'une manière toute spéciale en le faisant enterrer dans le caveau des Papes. Mathilde, reine d'Angleterre, qui l'avait élevé envoya de grosses sommes d'argent pour lui faire élever un tombeau, lequel était en forme de pyramide et fait de pierres et marbres de couleur. Son épitaphe fut composé par Urbain II.

Enfin Simon fut rangé au nombre des bienheureux et sa fête se célèbre le 29 septembre.

A la suite de l'entrée de Simon en religion (1077), Herbert IV, comte de Vermandois, qui avait épousé Adèle sœur de Simon, s'empara du comté de Montdidier et de ce qu'il put saisir des domaines de Raoul. Cela ne dut pas se faire sans violences cependant, car il avait d'âpres compétiteurs, tel, entre autres, que le roi de France lui-même. Herbert eut deux enfants; Eudes son fils, étant imbécile, Adèle sa fille, devint héritière. La dot était belle et Hugues, frère de Philippe Iᵉʳ, roi de France, l'épousa en 1077. Cette alliance fit entrer le comté de Montdidier dans la maison royale de France.

Comtes de Vermandois. A la mort d'Herbert IV Hugues se trouva par sa femme en possession des comtés de Montdidier et de Vermandois. Il en prit les armes *échiquetées d'or et d'azur;* il y ajouta *trois fleurs de lys au chef d'azur;* parce qu'il était de France.

En avril 1096, Hugues partit pour la Palestine avec une armée qu'il commandait. Il échoua dans sa tentative. En 1101 il entra de nouveau en campagne et fut blessé par une flèche, ce dont il mourut à Tarse, le 18 octobre 1101 à quarante-cinq ans; il y fut enterré.

Hugues laissa sept enfants dont Raoul, comte de Montdidier et de Vermandois. Mais Adèle, sa veuve, conserva l'administration des deux comtés comme faisant partie de son patrimoine; elle portait le titre de comtesse de Vermandois.

Elle épousa en secondes noces Renault, comte de Clermont.

Elle aimait à résider à Montdidier. En 1114 elle y tint une cour de justice pour restituer à l'abbaye de Saint-Cormeille de Compiègne, plusieurs serfs qu'elle lui avait enlevés et retenait injustement.

En 1117 Raoul, son fils, prit possession du comté de Vermandois en obligeant sa mère à l'échanger contre celui d'Amiens. Cela brouilla la mère et le fils qui se firent la guerre. En 1120, ils signèrent la paix et Adèle mourut vers 1124.

Ce Raoul porte dans l'histoire les noms de le Vieux, le Vaillant, le Pieux, le Borgne et encore de Raoul de Péronne, à cause de sa première femme qu'il aurait fait assassiner en prison. Les auteurs ne sont pas très explicites sur ce point. Suivant d'autres il aurait épousé Eléonore de Champagne qu'il aurait répudiée ensuite pour épouser Adélaïde de Guyenne sœur d'Eléonore, reine de France. A la suite de cet incident, sur la plainte de saint Bernard le pape Innocent II excommunia Raoul.

Le piquant de l'affaire fut que Simon, son frère, évêque de Noyon, qui avait prêté les mains à la fraude en prononçant l'annulation du mariage, de concert avec les évêques de Laon et de Senlis, fut pour ce fait suspendu de la dignité épiscopale (1142). Raoul cependant intrigua si bien qu'il se fit relever de l'excommunication en 1147. Il mourut le 14 octobre 1152, sans doute à Roye et fut enterré à Saint-Arnould-de-Crépy.

Il laissa un fils, Raoul II, dit le Lépreux ou le Jeune, encore en bas âge et deux filles. Ses tuteurs, Valeran, comte de Meulan et Yves de Nesle, comte de Soissons, le défendirent vaillamment contre les empiètements de Robert de Boves.

En 1164 Raoul II fut atteint de la lèpre et le 4 décembre Philippe d'Alsace, son beau frère, prit le titre de comte de Vermandois.

Comtes de Flandre.

Il mourut vers 1176 suivant les uns ou 1167 suivant d'autres, sans enfants et Philippe d'Alsace, comte de Flandre, réunit à son patrimoine les comtés de Montdidier et d'Amiens. Le trait saillant de son caractère fut l'avarice : *Avaritie incomparabilis fuit* disent les auteurs.

Le comte de Flandre vint fréquemment à Montdidier. Il y était en 1169 ; en 1170 et 1176 il y tint sa cour de justice. En 1839, on trouva dans les terres remuées du chemin vert des monnaies de billon portant le nom du comte de Flandre.

Philippe Auguste. Elisabeth de Vermandois, sa femme, mourut à Arras le samedi saint 1182 ; Aliénor, sœur d'Elisabeth, voulut revendiquer ses biens et sollicita l'appui de Philippe Auguste. Celui-ci saisit l'occasion, chercha noise à son trop puissant rival et l'attaqua. Philippe, comte de Flandre, s'enferma dans Montdidier et fit mener rude guerre au roi par ses partisans. Les pays de Saint-Just et Breteuil furent mis à feu et à sang par les deux partis. Montdidier servit de base d'opérations pour tous les seigneurs flamands qui avaient répondu à l'appel du comte de Flandre.

A la fin de l'hiver de 1183 la guerre recommença très âpre. Baudouin de Hainaut vint avec quatre-vingts chevaliers loger à Faverolles, près de Montdidier. Il tenait les champs, dit le chroniqueur, gâtait et brûlait de tous côtés et chevauchait par tous les temps. Il fit tant qu'il brûla toute la terre du Roy entre Compiègne et Beauvais.

Le roi avait essayé au début une surprise contre Montdidier, mais il échoua et s'en vengea en mettant le feu aux faubourgs. En 1185, les deux armées se trouvèrent en présence à Boves pour une bataille décisive ; au dernier moment Thibaut, comte de Champagne, s'entremit ainsi que Guillaume, archevêque de Reims et la paix fut conclue (1185).

Par ce traité de paix (traité d'Amiens) le comte de Flandre abandonnait au roi Montdidier, mais gardait Péronne, Ham et Saint-Quentin, ainsi que le titre de comte de Vermandois. Le comte de Flandre mourut en 1191 au siège de Saint-Jean-d'Acre.

Traité d'Amiens (1185).

Aliénor recouvra le Valois, une partie du Vermandois et Montdidier, mais Philippe Auguste se fit payer des frais de la guerre par la cession d'un grand nombre de fiefs.

En 1191, enfin, Aliénor, femme du comte de Beaumont ayant perdu tout espoir d'avoir des enfants abandonna au roi : Péronne, Roye et Montdidier moyennant treize mille livres et une rente annuelle. Cette convention était subordonnée à la condition qu'Aliénor ne laisserait aucun *héritier de sa chair*. Aliénor mourut entre 1214 et 1222, sans enfants ; ce n'était pas faute cependant d'y avoir mis tous ses soins car elle épousa successivement Geoffroy de Hainaut ; Guillaume IV, comte de Nevers ; Mathieu d'Alsace, comte de Boulogne et Mathieu III, comte de Beaumont.

LA COMMUNE

La commune
de
Montdidier
(1195).
Philippe Auguste qui voyait dans l'octroi d'une charte un moyen de briser la puissance des grands vassaux, jugea politique de faire bénéficier Montdidier de cette faveur. La commune y fut établie en 1195, un an après le délaissement d'Aliénor et son établissement fut paisible contrairement à ce qui se passa partout ailleurs. C'était cependant une faveur coûteuse pour les habitants qui durent payer une forte rente annuelle, mais en revanche le roi fit abandon de ses droits à la ville.

Le roi, sitôt qu'il fut le maître, ordonna que la ville fut mise en état de défense en l'entourant de murs. Comme l'argent manquait, il décida que au cas où un individu viendrait à mourir sans enfants le tiers de ses biens serait employé à aider à la réfection des fortifications.

La commune s'organisa ; Montdidier eut son maïeur et ses échevins ; Le bailli représentait le roi. La ville eut à pourvoir aux armées et dut fournir quatre-vingts sergents et deux chariots. Par ces temps de guerres sans cesse renaissantes ce n'était pas un mince souci pour les habitants.

Bouvines.
En 1214 Philippe Auguste engagé dans une longue guerre contre Othon IV, dut faire appel à tous les contingents communaux. Son armée se trouva réunie aux environs

de Lille à Bouvines. Montdidier avait fourni cinquante
chevaliers. L'action s'engagea : au fort de la mêlée, Philippe Auguste fut désarçonné, mais il fut tiré de sa situation critique par Pierre Tristan, châtelain du Puy d'amour
et Saint-Amand, bourgeois de Montdidier, qui le dégagea
à grands coups de masse d'armes et lui prêta son cheval
pour continuer à combattre.

Sur un autre coin du champ de bataille, Pierre de la

Plan figuratif des
fortifications de Montdidier sous Philippe Auguste

1. Porte Becquerel.	1. Tour Becquerel.
2. Porte d'Amiens.	2. Tour à Blocailles.
3. Porte de Roye	3. Tour de Jouvency.
4. Porte de Noyon.	4. Tour d'Amiens.
5. Porte de Paris.	5. Tour de Gannes.
	6. Tour Rouge.
	7. Tour Chauny.
	8. Tour Blanche.
	9. Tour du Coulot.
	10. Tour des Juifs.

La place d'Armes était située sur l'esplanade entre
la Tour Becquerel et la salle du Roy (Tribunal).

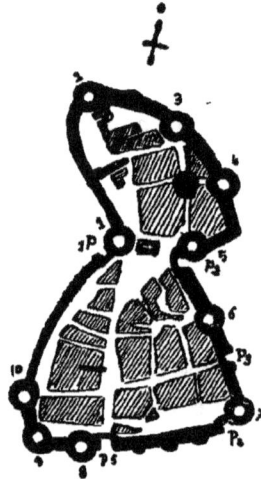

Tournelle, qui se trouvait à pied, aperçut Renaud, comte
de Boulogne, qui avait passé à l'ennemi. Il voulut punir le
traître et ayant par ruse levé la couverture du cheval, il
en perça le ventre avec son épée. Pierre fut tué par Geoffroy
et Jean de Rodon ; mais le comte de Boulogne la jambe
prise sous sa bête, fut fait prisonnier par Huc de Fontaine
et Jean de Roderon. Le vieux et prudent chevalier Bar-
·thelemy de Roye, qui combattait aux côtés de Philippe
Auguste eut l'honneur de prendre le comte de Flandre.
D'autres chevaliers de Montdidier prirent Conrad de Tre-
moigne, l'un des plus vaillants de l'armée d'Otton.

Lorsque le roi rentra à Paris, après la victoire, la ville de Montdidier lui présenta douze prisonniers, parmi lesquels Conrad, qui furent ensuite remis au prévôt de Paris.

Saint Louis. Philippe Auguste mourut le 14 juillet 1223 ; Louis VIII, son successeur, trois ans après et à douze ans, Louis IX dit saint Louis monta sur le trône. Montdidier demeura fidèle au roi et à la régente, Blanche de Castille.

Au mois de novembre 1255, saint Louis passant à Montdidier, pour aller de Saint-Just à Corbie, confirma la donation que Renaud et Raoul, comtes de Clermont, avaient faite aux *Mesiaux* ou lépreux de la ville, de deux pains et d'une mesure de vin *tant que lui et la comtesse demeureront au Chastel.*

Philippe le Hardi. Le 15 juin 1276 sous le règne de Philippe III le Hardi, la ville envoya cent vingt sergents à Tours pour la semonce de ce prince. La semonce était l'hommage rendu par le vassal à son suzerain.

En 1336 la guerre éclata entre Philippe de Valois et Edouard III d'Angleterre au sujet du comté d'Artois ; la guerre greva lourdement les finances de la ville.

Crécy et les opérations militaires en Picardie. Après la bataille de Crécy (1346) la Picardie fut envahie et le roi tint la campagne aux environs de Montdidier. Le 28 avril 1347 il campait entre Davenescourt et Montdidier. Le 1ᵉʳ mai de la même année il était à Montdidier ; le lendemain 2 mai il était à la messe à Davenescourt. Les opérations de Picardie avaient pour but de secourir Calais assiégé ; ses efforts furent vains car cette ville capitula le 3 août 1347. Au mois de septembre, se trouvant à Amiens, il choisit Montdidier pour y réunir les trois ordres du Rémois, Vermandois et Beauvaisis et délibérer sur les mesures à prendre pour parer aux événements.

La Jacquerie (1358). En 1358, Charles, dauphin de France, passa à Montdidier au mois d'avril. Cette année 1358 le pays était déjà las de toutes les guerres qui ne finissaient jamais, lorsque tout à coup un nouveau péril surgit : La Jacquerie. Elle prit naissance dans les environs de Clermont et se répandit avec une soudaineté stupéfiante. Armés de couteaux, de faux et de bâtons, ces méchantes gens, dit Froissard, détruisirent aux pays de Beauvais, Corbie, Amiens et Montdidier plus de soixante bonnes maisons et forts châteaux. Ils firent, dit-on, rôtir à la broche un gentilhomme et le firent manger à ses enfants et à sa femme, qu'ils tuèrent ensuite après l'avoir violée.

Les Jacques de Fontaine, à trois kilomètres de Montdidier, brûlèrent la maison de Jean de Clermont et le château de Courtemanche ; de là ils allèrent vers Laon, Noyon et Soissons. Ils furent enfin massacrés après plusieurs rencontres avec la noblesse de Picardie. Montdidier aida puissamment à la répression et les Jacques subirent une défaite sous les murs de la ville. Jean de Clermont au cours des opérations s'empara de Hénique de Fontaine et de son fils et leur fit couper les jarrets ; ils moururent dans de lents tourments. Ce qui prouve que la répression fut aussi barbare que l'agression avait été féroce. L'implacable sévérité d'Enguerrand de Coucy termina le soulèvement. Toutefois l'opinion publique s'émut ; on trouva que quelques-uns avaient dépassé les bornes, même pour l'époque ; c'est ainsi que Jean de Clermont fut condamné pour avoir fait périr les Hénique en leur tranchant les jarrets et il n'obtint sa grâce qu'en juin 1363. Mais la paix des campagnes ne fut pas après cela rétablie car le roi de France et le roi de Navarre se faisant la guerre, leurs partisans, à l'envi, pillaient et rançonnaient le pays. Puis vinrent les grandes bandes, faisant la guerre pour leur propre compte, sans autre but que tuer, voler et piller. Enfin brochant sur le tout la guerre recommença entre Charles V et Edouard III d'Angleterre.

La Picardie fut de nouveau envahie par l'Anglais et en

Siège
de Montdidier
par
Robert Knolle

1370 Robert Knolle mit le siège devant Montdidier avec six mille hommes. Il donna plusieurs fois l'assaut, mais fut vaillamment repoussé ; il se vengea en brûlant les faubourgs et les moulins. Son camp était établi au N. O. de la ville à l'endroit qui s'appelle encore *La Quenolle*.

Charles VI après avoir battu quarante mille Flamands à Rosebecq (1382) retourna à Paris en passant par Montdidier.

En 1404, Jean sans Peur, régent de France, se fit nommer gouverneur de Picardie, mais après avoir fait assassiner Louis d'Orléans dans la rue Barbette, le 23 novembre 1407, il fut forcé de quitter Paris. Il traversa Montdidier pour aller en Flandre. La ville resta fidèle au roi. La guerre éclata en 1411 ; Jean sans Peur au mois de septembre s'avança sous les murs de Montdidier et y mit le siège.

Siège
de Montdidier
par
Jean
sans Peur.

Il établit son camp derrière la Madeleine, sur le chemin de Fontaine, près du gibet, au même endroit que Robert Knolle l'avait fait quarante-deux ans avant. Il donna plusieurs fois l'assaut mais sans succès. Le duc d'Orléans apprenant le siège, s'avança à marches forcées. Le duc de Bourgogne se disposait à faire tête, lorsque les Flamands de son armée, qui probablement n'étaient point payés, refusèrent de combattre et levèrent le camp, de nuit, le 20 septembre pour retourner dans leur pays. Jean les suivit à regret. Selon l'usage des troupes mutinées, les Flamands mirent le feu à leur quartier, puis par jeu aux faubourgs de Montdidier. Au milieu du désordre causé par l'incendie, l'avant-garde du duc d'Orléans attaqua résolument et changea la retraite en déroute. Jean avait, paraît-il, avec lui trente mille hommes et deux petits canons nommés Ribaudequins. Ces engins ne pouvaient lui servir à grand chose contre des murs épais. Le siège n'avait duré que dix jours au plus.

La défaite d'Azincourt (25 octobre 1415) ruina l'autorité

du roi. Le duc de Bourgogne s'établit en Picardie et la ravagea. Les esprits étaient si troublés par la passion politique et les dissensions intestines que l'on vit jusqu'aux prêtres faire le partisan, piller, voler, tuer, violer, brûler. Le roi mit un terme à ces brigandages en chargeant Thomas de Larzy, bailli de Vermandois, de rétablir l'ordre. Celui-ci chassa les Bourguignons empêtrés dans leur butin et pacifia la contrée en *branchant* tous ceux qu'il capturait. Les arbres, près de Nesles, rompaient sous le poids des pendus.

Montdidier se trouvait dans un état déplorable ; Jean sans Peur lui fit des propositions merveilleuses pour décider les habitants à prendre son parti et lui ouvrir les portes. On était si las qu'on le crût. Le 24 août 1417 le duc de Bourgogne entrait à Montdidier. Les maux dont souffrait la ville recommencèrent comme devant car les partisans du duc et ses troupes étrangères, repoussés du Boulonnais, refluèrent sur Montdidier, pillant et brûlant sur leur passage. Davenescourt fut incendié. Quant aux armées royales elles venaient battre l'estrade jusque sous les murs de la ville. On ne pouvait plus en sortir sans risquer d'être tué. Jean sans Peur, ayant pris Paris en juillet 1418, Charles VI traita avec lui et lui abandonna définitivement Montdidier, Roye et Péronne. C'était une véritable annexion car on demanda aux habitants leur consentement. Ils le firent donner le 19 septembre 1418 par deux délégués Imbert Fripier et Jean Estrebaut, qu'ils envoyèrent à cet effet à Amiens. C'est de cette époque que date le gouvernement de Péronne, Montdidier et Roye distinct de celui de Picardie. Bauduin de Noyelles, seigneur de Catheu et de Tilloloy fut le premier gouverneur des trois villes.

Jean sans Peur ayant été assassiné à Montereau le 20 septembre 1419, les troubles recommencèrent.

En 1421, Jean de Luxembourg menait dans le pays une

Azincourt (1415).

Entrée de Jean sans Peur à Montdidier.

Montdidier passe au duc de Bourgogne.

Combat
de
Montdidier
(1421).

guerre d'escarmouches. Poursuivi par les Bourguignons
il passa sous les canons de Montdidier qui tirèrent sur lui,
pendant qu'il faisait retraite de Moreuil à Compiègne. Il
s'arrêta pour livrer bataille mais il éprouva des pertes
sensibles et continua sa route. Il ne fut pas inquiété, car
les Bourguignons étaient à pied ainsi que les Anglais qui
tenaient pour eux, tandis que les troupes du roi se compo-
saient surtout de cavalerie.

Grâce aux Bourguignons les Anglais prenaient possession
du pays si bien qu'en juin 1422, le roi d'Angleterre s'empara de Meaux.

Les Anglais
occupent
la Picardie.

Quant à la Picardie elle faisait les frais de la guerre
et il n'est pas un village autour de Montdidier où l'on ne
se soit battu, qu'on n'ait pris et repris, pillé ou incendié.
C'était tantôt pour le roi de France, tantôt pour celui
d'Angleterre, tantôt pour le duc de Bourgogne, tantôt pour
Orléans ou le dauphin. D'un pays prospère et riche la
guerre sans cesse continuée n'avait laissé que des ruines
fumantes.

Les Bourguignons et les Anglais avaient partie liée
pour le malheur de la France, mais telle était alors la
rage de se battre que de temps à autre ils entraient en
compétition pour le pays qu'ils occupaient et ils se faisaient aussitôt la guerre entre eux.

Les Bourguignons occupaient Amiens et les Anglais les
châteaux autour de Montdidier. Ceux-ci envoyèrent des
coureurs jusque sous les murs de la ville et finalement s'en
emparèrent par un coup d'audace (1422). Le roi d'Angleterre la rendit au duc de Bourgogne le 9 septembre 1423
contre rançon de vingt mille livres. Au mois de janvier 1424,
le duc de Bedfort, frère de Henri V, roi d'Angleterre
y séjourna cinq ou six jours pendant qu'il se rendait au
siège de Compiègne. Ayant épousé quelque temps après
la sœur du duc de Bourgogne, il fut question à ce mo-

ment de céder Montdidier à la couronne d'Angleterre, mais le projet n'eut pas de suite.

Au mois de septembre 1429 le duc de Bourgogne, accompagné de sa sœur la duchesse de Bedfort, traversa Montdidier avec une brillante escorte et trois ou quatre mille hommes pour se rendre à Paris. Le duc repassa par Montdidier à son retour.

Les affaires de Charles VII furent rétablies par le dé- *Jeanne d'Arc.* vouement et l'héroïsme de Jeanne d'Arc. Le duc de Bourgogne soucieux vint à Montdidier (avril 1430) avec la duchesse et tous ses gens d'armes. Les Anglais commettaient mille exactions dans les environs; il les fit châtier par Jean de Luxembourg qui s'étant emparé du château de Provinlieu, près de Froissy, en pendit la garnison. Le duc se rendit ensuite au siège de Compiègne où Jeanne d'Arc fut prise. Mais le siège fut levé.

La guerre se trouva reportée aux environs de Mont- *Combat* didier et Xaintrailles battit les Bourguignons, commandés *de Bouchoir* par le bâtard de Brimeu, à Bouchoir (1430). Ceux-ci malgré *(1430).* l'approche de l'ennemi s'étaient amusés à courir les lièvres sur la route de Roye à Bouchoir de sorte qu'ils se trouvèrent débandés au moment ou Xaintrailles les attaqua avec impétuosité. Le bâtard de Brimeu qui avait tourné bride fut rudement poursuivi par ses ennemis, « parce qu'il avait revêtu une housse d'orfèvrerie et de grand monstre », cela le désigna à leur convoitise et il fut pris.

Le duc de Bourgogne fit prendre les quartiers d'hiver à ses troupes, à Montdidier et s'en retourna en Flandre.

En 1433, Philippe de Saveuse vint tenir garnison à Montdidier pour repousser les attaques des Français qui dévastaient tout le pays autour. Il réussit et les força même à évacuer la région.

La misère était devenue telle dans la ville que le duc de Bourgogne abandonna les impôts.

2

Siège
de Moreuil. En 1434, le comte d'Etampes, neveu du duc de Bourgogne, vint faire le siège de Moreuil qui capitula au bout
de huit jours. Montdidier lui avait fourni pour ce siège
soixante manouvriers armés de pics, pelles et pioches et
deux mortiers avec deux batteurs pour la poudre.

Mais Lahire, pour le roi, vint ravager le pays autour
de Montdidier, après avoir enlevé Clermont par surprise.

Traité d'Arras
(1435). Enfin le traité d'Arras fut conclu entre le roi et le duc
de Bourgogne le 21 septembre 1435, Pendant dix-sept
ans Montdidier avait résisté aux troupes du roi.

Quoique la paix fut conclue, Lahire, ce fameux gascon,
continua pour le roi à faire la guerre en Picardie comme
si de rien n'était. Montdidier n'avait guère de sécurité
d'autant que les Bourguignons, à la suite du traité d'Arras,
s'étant séparés des Anglais, ceux-ci leur faisaient la guerre.
Ils s'étaient emparés de Folleville et ravageaient le pays
autour de Montdidier. Folleville devint un repaire de bri-
gands. Les Anglais menacèrent même Péronne (mai 1440)
et le comte d'Etampes dut faire venir en toute hâte de
Montdidier une grosse bombarde que l'on nommait Bombarde Bucquet. Chose bizarre c'est l'abbé de Corbie qui
se chargea du transport. Ce fait prouve que la place était
largement pourvue de pièces d'artillerie comme il sied à
une place avancée.

A l'époque de Louis XI, les guerres avaient réduit à ce
point la population de Montdidier que de deux mille
maisons il n'en restaient plus que trois cents.

Louis XI. Au mois d'octobre 1463 Louis XI racheta Péronne,
Montdidier et Roye au duc de Bourgogne, suivant les
conventions du traité d'Arras, moyennant quatre cent mille
écus. Le comte de Charolais, fils du duc, s'en facha, la
guerre recommença et Montdidier lui ouvrit ses portes
sans coup férir. Huc de Mailly, un vieux bourguignon,
d'ailleurs y commandait, le roi ayant commis la faute de

le confirmer dans son précédent gouvernement. A la mort de Philippe (15 juin 1467) Montdidier échut à Charles le Téméraire.

Le 13 mai 1470 un incendie détruisit la ville. Il ne resta debout que Notre Dame, l'église Saint-Pierre, la salle du Roi et dix-huit maisons. Cette même année le comte de Dammartin, pour le roi, profitant de cette circonstance qui mettait la ville hors d'état de résister se présenta devant Montdidier. Cependant la ville ne capitula pas et il dut donner l'assaut. Le portail de l'église du Saint-Sépulcre fut brûlé. La garnison eut les honneurs de la guerre.

Prise de Montdidier par le comte de Dammartin.

Sitôt prise, Louis XI fit mettre la ville en état de défense à l'aide d'ouvriers étrangers.

Le duc de Guyenne étant mort empoisonné, Charles le Téméraire prit prétexte de cette mort tragique pour envahir à nouveau la Picardie.

Le 25 juin 1472, Charles le Téméraire après avoir massacré les gens de Nesles et pris Roye, marcha sur Montdidier ; il établit son camp entre Le Mesnil-Saint-Georges et la ville. La ville se rendit à la première sommation. Il n'y avait plus que cent ménages dans ses murs.

Montdidier se rend à Charles le Téméraire.

La guerre continua entre les deux princes, le roi et Charles par des incursions sur les territoires l'un de l'autre avec des fortunes diverses.

Au commencement de l'hiver 1472, ils convinrent tous deux d'une trêve qui dura jusqu'en 1475. La garnison de Montdidier dont l'importance était grande pour les Bourguignons était tenue en alerte et prête à combattre par son gouverneur. Jacques de Savoie, comte de Romont, lieutenant général, l'approvisionnait de munitions de guerre en lui envoyant d'Arras, deux grosses serpentines de fer, huit arquebuses, de la poudre et du plomb. On remit en état les fortifications.

Pour occuper cette garnison excellente, il est vrai au

point de vue militaire, mais composée comme tous les soldats de l'époque de gens de sac et de corde, son chef l'employa, malgré la suspension des hostilités, à des courses sur les pays soumis au roi, faisant des prisonniers, enlevant des vivres et de l'argent. Cela peut paraître extraordinaire à notre époque, mais au XV° siècle, les escarmouches étaient fréquentes entre les postes avancés et l'état de paix était voisin de l'état de guerre. D'ailleurs le soldat depuis longtemps était habitué à vivre sur le pays et la discipline ne se maintenait guère qu'en lui permettant de donner de temps à autre libre cours à ses instincts de rapine et de brutalité. C'était aussi un moyen commode de payer sa solde.

Le roi ressentit cruellement cette injure et la trève étant expirée le 30 avril 1475, il profita de l'éloignement de Charles, alors en Allemagne, pour envahir ses états. Le 1ᵉʳ mai, il était à Senlis. Le 2 il était devant le château du Tronquoy qu'il sommait de se rendre. La place ayant refusé il fit donner l'assaut.

Il fut rude mais à cinq heures après midi la place était prise. La garnison fut massacrée et les prisonniers pendus. Le château fut rasé.

Cette garnison bourguignonne était composée de gens déterminés qui ravageaient les terres du roi. Ne pouvant rien espérer de la clémence du vainqueur ils moururent avec courage.

Louis XI
brûle la ville.

Le roi ne s'attarda pas et résolut d'attaquer immédiatement Montdidier. Le 3 mai il lança ses coureurs en avant avec Commines, chargé de sommer la place, promettant la vie sauve. Le 5 mai, Louis XI était devant Montdidier. La ville s'était rendue à la première sommation de Commines et la garnison forte de quatre cents hommes avait quitté la place avec armes et bagages.

On ne s'explique pas que cette ville forte, bien approvisionnée, bien armée, défendue par une garnison aguerrie, composée d'hommes déterminés ne se soit pas défendue. Son gouverneur Olivier de la Marche fut-il effrayé par les conséquences tragiques de la résistance du Tronquoy? C'est peu probable, car ce n'était qu'un épisode banal de la guerre; il avait dû en voir bien d'autres et choisi pour commander une ville aussi importante que Montdidier il devait avoir le cœur ferme. Peut-être faut-il trouver la véritable raison de la reddition dans l'éloignement du duc de Bourgogne, dont on était sans nouvelles.

Les conditions de la reddition passées entre Commines et le gouverneur stipulaient que la garnison sortirait avec les honneurs de la guerre et qu'aucun dommage ne serait fait aux habitants. Commines tint sa promesse et la garnison sortit emportant ses armes et ses bagages, mais le roi Louis XI ne tint pas celle qu'il avait faite en son nom.

Etant devant Montdidier pour veiller à l'exécution de ses ordres il en fit sortir tous les habitants ne leur laissant que ce qu'ils purent emporter; puis le 10 mai 1475, ayant fait disposer des foyers d'incendie il ordonna de mettre le feu à la ville. L'incendie fut terrible, dura plusieurs jours et épouvanta les villes d'alentour.

C'était une félonie, car le roi manqua à sa parole; mais cet acte était bien dans le caractère de ce monarque cruel, despote et sans scrupules. L'incendie de Montdidier sera pour sa mémoire une tâche éternelle, si par d'autres actes il a droit cependant à la reconnaissance nationale, car il fut vraiment le fondateur de l'unité de la France. Nous ne saurions mieux faire que de mentionner ici le jugement qu'Augustin Thierry porte sur ce prince « La condamnation qu'il mérite et dont il restera chargé c'est le blâme que la conscience humaine inflige à la mémoire de ceux qui ont cru que tous les moyens sont bons pour imposer aux faits le joug des idées. »

Les malheureux habitants chassés de leurs foyers se

réfugièrent qui à Amiens, qui à Péronne; mais l'accueil qu'ils y reçurent fut assez froid et lorsque un an après il leur fut permis de relever leur patrie de ses cendres, ils n'hésitèrent pas à rentrer à Montdidier, y préferant encore une vie misérable aux vexations dont ils étaient l'objet à Amiens ou à Péronne, villes bourguignonnes cependant.

L'histoire militaire de Montdidier était terminée et non sans grandeur le 10 mai 1475, car le roi selon la forte expression du chroniqueur en avait fait une *ville champêtre*.

Reconstruction de la ville. Au mois de janvier 1476 le roi Louis XI projeta de reconstituer Montdidier et il laissa les habitants y rentrer. C'était une amère dérision puisque de la ville il n'y avait plus que l'emplacement.

Les habitants se dévouèrent au relèvement de la cité : en 1485 l'hôtel de ville était édifié ; le pont-levis et le pont dormant de la porte de Paris étaient reconstruits ; en 1492 cent soixante-et-onze maisons étaient déjà rebaties. On songea alors à refaire les murs et en 1495, la ville était à peu près fermée.

La peste. En 1496 la peste et le mal de Naples firent périr beaucoup d'habitants, le 27 juillet on chassa de la ville trois filles d'Hesdin qui étaient atteintes du mal de Naples. C'était sans doute la conséquence des guerres d'Italie.

Assaut de la Tour Rouge (1522). En 1522, les murailles étaient rétablies, lorsqu'une bande d'aventuriers commandés par les capitaines Miracle et Robert Leleu voulut pénétrer dans la ville. Mais, les portes furent fermées ; ils campèrent trois jours au pied des murs. On eut beau pour les adoucir les fournir de vin et de vivres qu'on leur descendait par les créneaux, ils donnèrent néanmoins l'assaut à la Tour Rouge, mais furent repousssés.

Prise de Montdidier par le duc de Norfolk (1523). En 1523 trente mille hommes de pied et six mille cavaliers commandés par le duc de Norfolk envahirent la Picardie. Ils passèrent la Somme à Bray et s'avancèrent sur Montdidier. René de la Palletière s'y jeta avec deux mille hommes. Le siège dura douze jours et fut vivement mené. Une brèche fut ouverte entre la porte de Roye et la tour Rouge, et les portes Becquerel et de Roye furent abattues. La garnison obtint les honneurs de la guerre avant que l'assaut fut donné. Celle-ci étant sortie, les habitants refusèrent d'accepter la capitulation, montrant ainsi qu'ils étaient bien les fils de ces Montdidériens des temps héroïques. L'assaut fut alors donné par le boulevard de la porte de Paris, la ville emportée et livrée au pillage. Les Anglais et Allemands y restèrent six jours, mais se retirèrent à l'approche du duc de Vendôme. En se retirant ils mirent le feu à la ville, selon l'usage.

François Ier en 1524, vint à Montdidier pour inspecter ses fortifications et l'on releva les brèches. Il y revint le 2 août 1527. Le 14 novembre 1532, François Ier et la reine Claude de France passèrent à Montdidier ; la reine fut reçue sous le poêle du Saint-Sacrement de l'église Saint-Sépulcre. **François Ier.**

En 1544, François de Vivonne, seigneur de la Châtaigneraie, célèbre par son duel avec Jarnac, était gouverneur de Montdidier. Il voulut commencer les travaux d'une forteresse sur l'esplanade du Prieuré. Sa mort mit à néant ses projets.

Henri II en 1547, l'année de son sacre, vint à Montdidier, il y coucha le 21 août et inspecta les travaux de défense. **Henri II.**

Voici, à titre documentaire, quelle était l'artillerie de la place à cette époque : un canon sur roues ; deux petites couleuvrines sur roues ; deux autres couleuvrines ; cinq fauconneaux, vingt-huit arquebuses à crocs ; quatre coquets de vieille poudre ; un demi coquet de salpêtre ; un baril de soufre ; quatre cents boulets de plomb pour couleuvrines et fauconneaux et trente boulets de fer pour le canon. La garnison était de quatre-vingts hommes d'armes et cent vingt archers.

La Réforme. Au moment de la Réforme Montdidier fut une des premières villes de France qui compta des partisans de Calvin. Ceci n'a rien qui puisse surprendre puisque Calvin, né à Noyon, était du pays. Un de ses émissaires, Michel de la Grange, fut arrêté à Montdidier. Son procès fut jugé par Antoine de Bertin, lieutenant général du bailliage et il fut condamné à être brûlé vif. L'exécution eut lieu le jeudi saint 1555 sur la place de Montdidier.

Occupation espagnole. En cette année les Espagnols tenaient le pays au-dessus de Montdidier. La ville se gardât et ils n'allèrent pas plus avant. La paix survint le 3 avril 1559 et cette même année le duc d'Albe, le comte d'Egmont et le prince d'Orange passèrent à Montdidier pour se rendre à Paris. Ils furent reçus dans la salle du Roi, tendue de tapisseries. On leur offrit des pâtisseries ainsi qu'à l'amiral Coligny, gouverneur de Picardie.

Les années suivantes furent employées à des querelles entre catholiques et réformés, lesquels devenaient de plus en plus nombreux.

Les troubles s'aggravèrent et le 14 avril 1577, trois protestants, dont Claude de la Morlière, furent tués. Les guerres de religion à partir de cette époque désolèrent le pays ainsi que tout le royaume.

En 1581 une sorte d'influenza, nommée coqueluche, fit périr un grand nombre de personnes et pour conjurer le fléau on promena les reliques des saints Lugle et Luglien.

Henri IV. Sous Henri IV, Montdidier prit le parti de la ligue, Pierre de Bertin, maïeur et lieutenant général du baillage, étant un fervent et zélé catholique. Il intercepta des lettres d'amour de la belle Gabrielle et par pruderie les envoya à Amiens au lieu de les rendre au roi.

Les Montdidériens s'attendaient chaque jour à être attaqués par Henri IV, aussi préparèrent-ils la défense en brûlant les faubourgs de Paris et de Roye (octobre 1590).

On avait appris que l'assaut serait donné du côté du jeu de paume, c'est-à-dire de la rue Cappronnier actuelle. L'alerte fut chaude.

Par surprise les royalistes faillirent s'emparer de la ville en 1594. Les prêtres et moines montaient la garde à leur tour, sur les remparts et les royalistes pensaient que le meilleur moment pour surprendre la ville serait celui où les gens d'Eglise seraient de service. Une nuit, un gros de fantassins s'approcha en silence de la muraille du côté du Prieuré et dressa les échelles ; ils allaient atteindre la crête du mur lorsqu'un religieux bénédictin qui était en sentinelle sur ce point, entendant du bruit, tira sur eux et donna l'alarme. On accourut et l'entreprise échoua. Henri IV ayant abjuré, Montdidier prit son parti à l'instigation du maïeur Bertin et il y fit son entrée au mois d'août 1594. On cria vive le roi ! on tira le canon, on chanta un *Te Deum* à Saint-Pierre. L'allégresse fut générale. Le roi logea chez le prévôt Pasquier.

Au matin le roi allant vers Compiègne, descendait à cheval vers l'église Saint-Sépulcre pour sortir par la porte de Paris, lorsqu'il aperçut le maïeur Pierre de Bertin. Il l'appela et lui mettant la main sur l'épaule lui dit : Lieutenant, je sais que vous m'avez très bien et fidèlement servi en la reddition des villes de Montdidier, Péronne et Roye ; je vous en aime ; soyez moi bon sujet et je vous serai bon roi.

En mars 1597, les Espagnols s'étant emparés d'Amiens, le roi revint à Montdidier pour commencer les opérations. La ville s'attendant à être attaquée, on enrôla de force tous les mendiants qui étaient fort nombreux. On en forma trois compagnies de cinquante hommes. Le 13 juin ils furent passés en revue sur la Prieuré et *marqués*.

Ce ne fut qu'une alerte.

Pendant les troubles de la minorité de Louis XIII, la ville Louis XIII.

resta fidèle au roi. Le 16 septembre 1615 les ducs de Longueville, de Mayenne et de Bouillon, qui étaient maîtres du pays de Corbie à Noyon, tentèrent un coup de main sur Montdidier, à l'aide de leurs Allemands avec quatre pièces de canon. Les habitants se tenaient sur leurs gardes et dès que le veilleur placé dans un des clochers signala l'approche des coureurs ennemis, ils prirent les armes. Le capitaine de Contenant sortit avec une centaine de cavaliers, surprit leur avant-garde, tua quelques hommes et rentra dans la ville. Cette résolution dans l'attaque déconcerta les princes qui passèrent devant Montdidier sans oser l'attaquer. Ces alertes nécessitaient la présence de militaires que les scrupules n'étouffaient pas. Mais le maïeur Antoine de Bertin ne s'en laissait pas imposer par eux. Des soldats ayant commis plusieurs vols, le maïeur les fit arrêter sur les rangs malgré le gouverneur Potier de Gesvres et les fit pendre haut et court.

Le 5 juin 1625 Henriette de France, sœur de Louis XIII, qui venait d'épouser Charles Ier, roi d'Angleterre, passa par Montdidier pour s'embarquer à Calais. Avec elle étaient Marie de Médicis, Anne d'Autriche et Gaston d'Orléans. La suite était magnifique. Henriette de France fut reçue sous un dais en satin rouge cramoisi, porté par le maïeur et les échevins depuis la porte de Paris jusqu'à l'église Saint-Pierre.

Jean de Werth et Piccolomini. En 1635 la guerre reprit entre la France et l'Espagne. En 1636, quarante mille Espagnols sous les ordres de Jean de Werth et Piccolomini envahirent la Picardie. La Capelle et le Catelet furent pris ; Bray fut brûlé. Ils passèrent la Somme à Cérizy et Roye fut pris le 8 août 1636.

Le soir même entre sept et huit heures deux trompettes se présentaient aux portes de Montdidier et sommaient la ville de se rendre ; faute de le faire dans les vingt-quatre heures, elle serait livrée au pillage et brûlée. Les habitants répondirent en demandant huit jours de réflexion, espérant recevoir secours du roi. En attendant la réponse qu'ils savaient être négative ils se préparaient à combattre. Cent cinquante hommes furent placés dans les moulins de la vallée pour défendre les approches et les murs furent garnis tant bien que mal, car il ne restait dans la place qu'un régiment allemand.

La lutte commença; Jean Bocquillon, sieur de Sainte-Hélène, à la tête des habitants fit quelques sorties heureuses. Dans l'une d'elles, cette troupe bien commandée, surprit les Espagnols entre Le Cardonnois et Cantigny. Après une mêlée sanglante et longtemps indécise les Espagnols prirent la fuite; on leur avait tué cent cinquante hommes et fait trente prisonniers.

Quelques jours après, une autre sortie eut lieu; les Espagnols furent attaqués avec vigueur à la corne du bois du Cardonnois, au lieu dit le Coupe-Gorge, et culbutés dans leurs retranchements. Les paysans des environs les prirent à revers; malgré leur opiniâtre défense ils furent complètement défaits. Le nom de Coupe-Gorge donné à cet endroit l'est en souvenir de ce combat. La vallée à droite de ce Coupe-Gorge s'appelle la vallée à Polaques ou des Polonais, en souvenir des Polonais de Jean de Werth.

Irrité de cette résistance imprévue, Piccolomini fit sommer une deuxième fois Montdidier. Mais les Montdidériens avaient pris goût aux armes, ils rirent de cette sommation. Jean de Wœrth s'avança alors en personne avec six mille hommes; le 10 septembre vers quatre heures du soir il établit son camp à portée de canon entre la ville et la ferme de Defoy. Le baron de Neuvillette, qui essayait d'entrer dans la ville avec soixante chevau-légers, tomba dans une embuscade espagnole et ne parvint à s'échapper avec quinze des siens, que blessé. Le siège fut vivement mené mais la ville résista. Un canon, en batterie sur la tour du Moulin à vent éclata à force de tirer. Jean de Wœrth fut obligé de lever le siège, après avoir perdu trois capitaines, deux cornettes et un grand nombre d'hommes, car le roi approchait. Le siège avait duré trente-quatre jours.

Montdidier par son courage avait arrêté la marche victorieuse des armées impériales et bien mérité de la patrie française. La peste fut pour la ville la conséquence du siège.

Après la retraite des Espagnols (au mois de novembre 1636) le roi Louis XIII, retournant à Paris, voulut malgré la peste, passer par Montdidier ; sur la place de l'Hôtel-de-Ville, ayant fait arrêter son carrosse, il fit approcher de la portière le maïeur et les habitants pour les féliciter sur leur courageuse résistance.

Louis XIV. Fin mai 1646, Louis XIV et la reine mère traversèrent Montdidier. L'année suivante (1647) le roi et la reine mère repassèrent par la ville ; le roi coucha chez le sieur de Romanet, trésorier général de France et la reine aux Ursulines. Ils y revinrent en 1648. En 1649 le roi logea chez le sieur Lempereur, conseiller en l'élection et la reine chez le sieur de Romanet, qui demeurait en face de l'église du Sépulcre : sa maison existe encore mais en fort mauvais état.

Les Espagnols du prince de Condé. Au mois d'août 1653, le prince de Condé qui avait passé à l'ennemi, franchit la Somme à Saint-Simon avec vingt cinq mille hommes et envahit la Picardie. Il s'avança jusqu'à Guerbigny et fit le 5 août sommer Montdidier de se rendre. La place refusa ; les Espagnols l'attaquèrent, mais ils furent repoussés et ne purent que brûler les faubourgs. Le maïeur entra en composition avec le prince de Condé à qui il fournit du vin et des vivres pour ses troupes, mais la ville resta au roi. Le prince de Condé quitta Guerbigny le 10 août au matin et se mit en retraite. Les Espagnols dévastèrent tout le pays alentour.

Le 7 septembre Louis XIV se trouvait de nouveau à Montdidier. Le 12 septembre 1654, le roi, la reine et le duc d'Anjou repassaient à Montdidier et entraient par la porte de Roye. Le roi logea rue des Juifs chez M. Cousin et la reine descendit

chez M. de Romanet. Louis XIV revint à Montdidier le 17 août 1676. Le jour des Rameaux 1678, le roi coucha encore à Montdidier. Il voyageait toujours à cheval et accompagné d'une suite nombreuse.

L'hiver 1708-1709 fut si rigoureux que les habitants durent se réfugier dans les carrières qui existent sous les maisons pour se garantir du froid et les tribunaux suspendirent leurs audiences pendant tout l'hiver. Une disette s'ensuivit.

Le grand hiver.

En 1716 le subdélégué de Montdidier, Jean l'Empereur, fonctions équivalentes à celles de sous-préfet, fut condamné par la chambre de justice de Paris pour concussion et condamné aux galères. Il fit amende honorable à Montdidier devant la porte de l'église Saint-Pierre, en chemise, la corde au cou, un cierge à la main avec un écriteau dans le dos et sur la poitrine ; on y lisait : *Subdélégué concussionnaire public.* On dit qu'il sut cependant se tirer de la chaîne et obtenir sa grâce.

L'hiver de 1740 fut particulièrement rigoureux ; les vivres furent hors de prix : la livre de beurre de cinq sols monta à seize et la livre de haricots passa de quatre sols à dix. Le 4 août il gela. Cela ne s'était jamais vu et ne s'est pas revu depuis. De fréquents tumultes furent la conséquence de la disette. Le 9 juillet 1740, les femmes ayant appris qu'un convoi de quarante mulets chargés de graines sortait

Famine de 1740.

par la porte d'Amiens, y coururent, éventrèrent les sacs et les grains furent perdus en quantité.

Du 28 février au 15 mai 1754, des secousses de tremblements de terre furent ressenties à Montdidier ; des vitres et de la vaisselle furent brisées.

Le 3 novembre 1773, à quatre heures du soir le sol trembla de nouveau mais c'était le magasin à poudre d'Abbeville qui venait de sauter.

Etats
généraux.

En 1789, Montdidier parmi d'autres envoya comme député de la noblesse aux états généraux le fameux abbé Maury, alors prieur de Lihons.

Le 22 août 1791, Louis-Philippe, alors duc de Chartres, passa à Montdidier à la tête d'un régiment de dragons. Il logea à l'hôtel de la Hache, place de l'Hôtel-de-ville. Parmi les officiers de la garde nationale qui l'y vinrent féliciter se trouvait la femme du colonel, Madame d'Armanville, qui avait revêtu l'uniforme d'officier de la garde et était fort jolie sous ce costume avec le catogan et le chapeau à corne. Le prince reçut à Montdidier son brevet de colonel.

La Terreur.

Pendant la Révolution la vie de Montdidier fut celle de toutes les petites villes de France. Sous la Terreur, le 16 février 1794, presque toute la noblesse du district, hommes et femmes, fut arrêtée et enfermée dans la maison de M. Verani de Varenne qui est celle habitée aujourd'hui par le docteur Henry. Quelques jours après les femmes furent emprisonnées dans la maison de M. Saint-Fussien de Vignereul, rue de la Commanderie (rue Cauvel de Beauvillé) et qui appartient aujourd'hui à M. Blériot. Il n'y eut pas d'exécution à Montdidier.

Le 25 juin 1803 Bonaparte, premier consul, traversa Montdidier. Aux portes de la ville il écoutait distraitement le discours du maire, lorsque fatigué de sa longueur, il l'interrompit en disant : « Vous veillerez à faire démolir les murailles ; on ne fait plus la guerre aujourd'hui comme au moyen-âge. »

Quelques temps après on commença la démolition des murs.

Le 19 mars 1814 les Cosaques entrèrent dans la ville et la rançonnèrent. Ils campèrent péle-mêle avec leurs chevaux sur la place de l'Hôtel-de-ville.

Le 29 avril 1814, Louis XVIII passa à Montdidier au milieu des Prussiens pour se rendre à Paris. Restauration.

Le 27 juin 1815, les blessés de Waterloo passèrent par la ville.

Le 28 juin 1815 un corps d'armée d'environ trente mille hommes composé d'Anglais, de Belges et de Prussiens passa près de la ville par le val à carré et campa sur la route de Tricot. Le lendemain il continua sa route sur Clermont.

Le 7 octobre 1870 Gambetta qui avait réussi à sortir de Paris en ballon atterit à Epineuse dans le bois de Favières. M. Dubus, maire, fit aussitôt atteler une voiture et conduisit le ministre de l'intérieur à Montdidier malgré une vive poursuite des Prussiens. A huit heures du soir Gambetta arrivait à la sous-préfecture d'où il télégraphiait au gouvernement de la défense nationale. Une heure après il partait pour Amiens afin d'organiser la résistance. 1870.

Le 11 octobre 1870, une reconnaissance de cavalerie allemande, composée de quelques dragons saxons, fut aperçue à deux heures de l'après-midi près du moulin situé sur la route du Montchel. La population leur courut sus et après avoir tiré quelques coups de fusil, les cavaliers se retirèrent vers Tricot.

Il n'y avait à Montdidier que quelques gardes nationaux et environ trois cents mobiles mal armés. La défense de cette ville ouverte n'était pas possible, néanmoins le maire Baudelocque, tenta de l'organiser. Le 17 octobre, un peu avant midi, une colonne prussienne forte de douze cents hommes fut signalée sur la route de Tricot. Elle prit position autour du moulin Maréchal où l'artillerie composée de six pièces fut mise en batterie. La garnison s'était enfermée dans la ville sans rien tenter pour en défendre l'approche ; c'était une faute tactique très grave, car dès lors que l'ennemi était maître des hauteurs la place devait capituler. La canonnade commença aussitôt : quarante-huit obus tombèrent sur divers points

de la ville. L'un d'eux éclatant en face de l'Hôtel de ville tua M. Pasquet de Salagnac ; un autre tua M. Roze, receveur de l'Enregistrement, dans la rue Saint-Pierre, au coin de la maison de Madame Gaudissart, en face de la maison de M. Pisier, un troisième décapita M. Boursel dans le grenier de sa maison, place de l'Hôtel-de-ville. Cinq autres personnes furent blessées, parmi lesquelles Paul Bertrand, négociant et Mademoiselle Pierra, domestique chez M. Bernard, avoué. On hissa alors le drapeau blanc sur l'Hôtel de ville et le clocher de Saint-Pierre ; le feu cessa, et l'ennemi entra dans Montdidier qui fut frappé d'une contribution de guerre de cinquante mille francs. Quelques jours après le corps d'armée de Manteuffel passa sous les murs de Montdidier, suivant la route de La Capélle à Rouen. Les colonnes ennemies défilèrent ainsi pendant trois jours.

En 1886, eurent lieu les fêtes du centenaire de l'introduction de la pomme de terre en France. Il y eut de grandes réjouissances, trois ministres vinrent à Montdidier.

ÉGLISE

SAINT-PIERRE

La première église Saint-Pierre était construite en 1146 au moins ; mais il n'en reste rien et l'on ne connaît même pas son emplacement. L'église actuelle date de la fin du XIV⁰ siècle et sa construction demanda deux cents ans. Ses fondations furent commencées en 1538, sur les plans de Chappion, maître maçon, qui s'est inspiré de la cathédrale de Beauvais.

Le portail a 13 m. 50 de large sur 14 m. de haut. Sa voute est couverte de sculptures.

Le tympan était à jour autrefois mais au XVII⁰ siècle, l'orgue ayant été transporté au-dessus de la porte l'espace occupé par la verrière fut rempli de plâtre. Les statues qui ornaient les piliers du portail ont été brisées pendant la révolution. Au milieu du fronton, au-dessus du porche, on voit les armes de France entourées du collier de

saint Michel. A droite sont deux C accolés sur un H et à gauche trois croissants entrelacés. Ces attributs sont ceux de Henri II.

Le pilier gauche porte le nom de pilier Saint-Antoine et dans l'intérieur un escalier mène à la galerie du porche. Dans le pilier de droite se trouve l'escalier de l'orgue. Une lourde calotte de maçonnerie coiffe ces piliers et sur la calotte de droite un écusson porte la date de 1580.

Du côté droit de la façade la forte assise en pierre qui soutient le clocher devait servir de base à une tour qui ne fut jamais entreprise. Le clocher actuel date de 1742-1743. En 1793 les cloches furent fondues pour être transformées en canons ; une seule a été épargnée elle porte une inscription gothique et la date de 1542, elle a 1 m. 46 de diamètre et 1 m. 30 de haut ; elle pèse deux mille kilogs environ.

Les piliers à l'intérieur sont gros et dépassent la voûte de plusieurs mètres pour s'arrêter au toit, cela laisse croire que le plan primitif a dû être modifié en cours d'exécution.

Les deux bénitiers sont de marbre rouge de Languedoc.

Les verrières sont récentes et quelques-unes fort belles.

Le buffet de l'orgue date de 1667 ; il est de Philippe Picard, constructeur à Noyon. Antoine Manchuette, constructeur, se tua en en montant la boiserie. L'orgue fut restauré par Charles Dallery peu de temps avant la révolution. A cette époque il n'échappa à la destruction que grâce à l'organiste qui promit de ne lui faire jouer que des airs patriotiques.

Mais lors d'une restauration entre 1867 et 1870 les tuyaux de l'orgue, signés de Charles Dallery furent remplacés par des tuyaux communs. On les vendit au poids et ils furent quelque temps après placés dans une église d'Angleterre où ils sont encore et font l'admiration des connaisseurs. Les lambris renaissance de la tribune sont fort beaux et proviennent de l'ancienne église de Saint-Médard.

La chaire est de la fin du XVI° siècle ; le 2 septembre 1792 du haut de cette chaire les commissaires Hion et Gossare proclamèrent la patrie en danger ; en 1793, elle servit aux aux commissaires Dumont et Lebon de tribune politique ;

en 1794, le maire Pucelle y fit l'éloge de Marat et Lepel-letier dont les bus-tes se trouvaient placés sur l'autel désaffecté.

Dans le bas côté gauche contre le mur du fond, se trouve une figure de tombeau que l'on suppose être celle de Raoul de Crépy, comte de Montdidier.

Il est couché sur le dos les mains jointes. Son épée à poignée droite est allongée le long du corps, le fourreau est garni d'une la-nière de cuir. Sa tête recouverte d'une toque repose sur un coussin soutenu par un ange ; sa barbe est rasée. Ses pieds chaussés s'appuient sur un lion qui saisit un chien. Le corps a 1 m. 80 de long. La tête de l'ange, les doigts et le nez de Raoul sont cassés. Cette statue est en pierre grise très dure.

Ce Raoul de Crépy dit Raoul de Péronne, comte de
Montdidier et de Vermandois, mourut à Montdidier le
8 septembre 1074. Sous la révolution après bien des vicis-
situdes la statue fut transportée dans la basse-cour de
l'hôpital où elle resta quarante ans. En 1832 la municipalité la fit placer à Saint-Pierre à l'endroit où elle est encore.
M. Quicherat, professeur à l'école des Beaux-arts, dans une
note, a prétendu que ce n'était pas la figure de Raoul, mais
celle d'un inconnu du XIII⁰ ou XIV⁰ siècle. Il en donne
comme preuve les détails du costume et des ornements.

A côté du tombeau dit de Raoul, appendu à la muraille
est un grand christ dans le genre byzantin très curieux par
sa maigreur. Il est décharné et un long tablier lui descend
jusqu'aux genoux. Il vient de l'église Notre-Dame de
Montdidier à laquelle le donna Adrien de Hénencourt,
prieur de 1486 à 1496 et on le transporta à Saint-Pierre
en 1789 lors de la démolition de l'église Notre-Dame. Il
fut sous l'ancien régime l'objet de la vénération publique.
Vers 1837, un vicaire de l'église le trouvant trop laid voulut l'enterrer en cérémonie. Il paraît que le bedeau s'y
opposa, marquant ainsi qu'il était homme de bon sens.

Dans le bas côté gauche, derrière la statue de Raoul, se
trouve un groupe de pierre du XVI⁰ siècle, représentant le
Christ au tombeau, composé de huit personnages.

Dans cette chapelle se trouve une verrière provenant de
l'Hôtel-Dieu et mise en place en 1832 ; elle date de 1512
environ. Les donateurs sont représentés à genoux au bas
de la verrière avec leurs écussons : ce sont Pierre de Vui-
gnacourt et Jean Cailleu.

Les fonts baptismaux sont du XI⁰ siècle environ. C'est
tout ce qui reste de la première église Saint-Pierre. Le
couvercle date de 1853. Ils sont forts beaux et curieux.

Dans la chapelle des saints Lugle et Luglien un tableau
d'autel représente l'adoration des bergers. Il a été peint

en 1640 par Henri Salle, peintre picard. La décoration de cette chapelle, à l'aide de colonnes torses corinthiennes sur lesquelles s'enroule un cep de vigne doré est de 1641. Pierre Blasset et peut-être Nicolas, ont collaboré à sa décoration, ainsi qu'à celle de différentes chapelles. Là se trouvent les reliques des saints Lugle et Luglien, patrons de Montdidier, que l'on ne commença guère à honorer qu'au XVI⁰ siècle. Ces reliques consistent dans une partie des os de la tête et du corps. Les os de la tête sont enchâssés dans deux bustes de cuivre argenté comme la châsse elle - même. Ce sont des pièces datant du XIX⁰ siècle. Ces saints qui vécurent près de Lillers où ils furent assassinés n'ont aucune histoire bien précise.

Dans le bas côté droit, sur le lambris est une statue de saint Pierre en demi relief; à côté est une représentation vague du clocher en hélice incendié en 1742. Les chapelles sans caractère particulier furent construites en 1513 et mises au goût du jour en 1739. Au-dessus du passage se trouve un tableau de l'école flamande représentant saint Roch montrant sa cuisse gauche à un malade.

Contre la muraille, un tableau représente le martyre de saint Crépin. Ce tableau portant dans le bas l'inscription *Leber pinxit* est curieux par la vue de Soissons au XVII⁰ siècle que l'on voit au fond.

Les sculptures de la chapelle de la vierge, autrefois de saint Nicolas, sont de 1642, par Robert Fissier. En 1835 l'ornementation de la chapelle fut malheureusement changée pour la mettre au goût du jour, les boiseries furent brûlées pour en retirer l'or. Les statues de sainte Thérèse et saint Nicolas qui l'ornaient furent placées contre les piliers des chapelles latérales.

L'autel est de marbre blanc. Le tableau du retable fait allusion à l'institution du Rosaire et au songe de Jeanne d'Aça, mère de saint Dominique, qui étant grosse de lui s'imagina accoucher d'un petit chien tenant dans la gueule une torche qui portait la lumière et le feu par toute la terre. A côté de sainte Thérèze et saint Dominique, Louis XIII et Anne d'Autriche offrent leur couronne à la Vierge, en souvenir du vœu fait à Abbeville le 15 août 1637. Ce tableau sans date et sans signature doit être de 1641 puisque le rétable fut construit en 1642.

La verrière de la fenêtre date de 1854. Elle a figuré à l'exposition universelle de 1855. C'est un don de M. Cauvel de Beauvillé.

Au-dessous de la fenêtre sont des tableaux anciens portant le nom du donateur et la date : D L. Marie Le Maire 1645.

Les deux piliers à l'entrée de la chapelle sont ornés de tableaux ovales donnés par Pierre Petit, maïeur en 1645. Un autre tableau au pilier gauche fut donné par Matthieu Renouard en 1745. Au-dessous est une descente de croix peinte sur bois signée R. L. 1632. A la clef de voûte est une Sainte face ayant gardé le coloris ancien. .

Contre les piliers du chœur sont deux portraits en pied des saints Lugle et Luglien, donnés en 1728 par Madame Firmin le Boucher dont les armes sont au bas. La boiserie des piliers est de 1735.

Les vitraux du chœur sont de 1852.

L'ancien carrelage du chœur a disparu et le carrelage actuel est de date récente.

Les vingt-quatre stalles sont de 1699 ; elles n'ont pas de caractère particulier.

Le chœur de l'église en est la partie la plus ancienne ; cela est établi par la découverte dans un pilier du chœur en 1699, d'une ardoise gravée portant la date de 1397. A côté se trouvait un verre cylindrique à facettes renfermant un sol, marqué au dauphin avec cet exergue : *Karolus francorum rex.*

La boiserie du sanctuaire est de 1662. Elle fut dorée en 1740.

Les tableaux du chœur sont de la fin du XVIIᵉ siècle. Celui qui est derrière la grille porte la date de 1681.

Le maître-autel est bombé sur le devant et orné de sculptures. Il remplaça en 1660, celui qui existait et datait de 1465.

Malgré ses gros piliers l'église n'est pas solide. Elle a dû être maintes fois réparée ; le 30 janvier 1762, notamment à onze heures et demie du soir, le deuxième pilier gauche s'écroula entraînant les voûtes qu'il soutenait.

Jusqu'à la Révolution l'église Saint-Pierre se trouva entre deux cimetières. Le plus grand était à gauche du portail. Supprimés en 1792, les ossements en furent enlevés d'abord vers 1850, puis en 1870, lors du percement de la rue Saint-Luglien.

Le premier curé de Saint-Pierre fut Jean Lenglès (1400). Son successeur médiat Pierre Mareschal eut une curieuse contestation avec ses paroissiens. Il prétendit ne dire la messe que trois fois par semaine, mais ceux-ci lui firent devant l'évêque d'Amiens un procès qu'il perdit. Aussitôt le gouverneur de Montdidier fit saisir son temporel pour le remettre aux mains du roi, mais le curé capitula et dit sa messe chaque jour.

ÉGLISE SAINT-SÉPULCRE

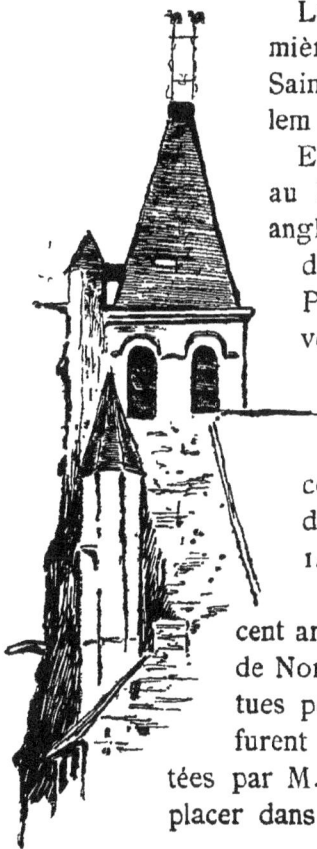

La ville de Montdidier fut une des premières en France à dédier une église au Saint-Sépulcre, après la prise de Jérusalem (15 juillet 1099).

En effet, en 1146, il y en avait déjà une au bas de la ville à l'endroit du Jardin anglais fermé. Comme elle se trouvait en dehors des fortifications élevées par Philippe Auguste, elle fut exposée souvent aux déprédations des armées ennemies et elle disparut au XVᵉ siècle.

La deuxième église, dont le chœur tenait à la rue du Moulin à vent, fut construite en 1419, grâce à la générosité de Jean de Hangest; il y fut enterré en 1430.

Cette seconde église, qui avait à peine cent ans, fut bombardée et brûlée par le duc de Norfolk au mois d'octobre 1523. Les statues portées dans le couvent des Ursulines furent après la démolition du couvent, achetées par M. Billault, juge suppléant, qui les fit placer dans le jardin de sa maison, rue de la

Commanderie. Un Christ qui en provient est placé au cimetière d'Etelfay sur la tombe de M. Cousin, ancien président du tribunal et une vierge se trouve dans le jardin de M. Grou-Radenez.

L'église actuelle fut construite en 1516. L'ancien portail fort laid fut démoli et reconstruit de 1853 à 1855. Le nouveau portail, dans le style fleuri flamboyant, est de l'architecte départemental Herbault.

Le clocher, carré, est à gauche du portail ; il a été achevé en 1584. Une galerie en pierre devait le terminer ; elle n'a jamais été posée. Une tourelle octogone renferme l'escalier. Aux trois quarts de sa hauteur se trouve une statue de sainte Catherine à laquelle on a coupé la tête pendant la Révolution ; on a fait de même au saint Antoine qui se trouve à côté. Sur la façade nord, on voit la trace de balles qu'on croit avoir été tirées pendant un engagement entre protestants et catholiques. Le clocher est surmonté par une toiture en pyramide allongée, terminée par deux hautes tiges de fer ouvragé, supportant chacune un coq.

La hauteur totale est de quarante-cinq mètres.

Les cloches actuelles sont de 1841 ; les anciennes furent fondues en 1792.

Les combles de la nef, en bois de chêne, ressemblent à une carène de navire renversée. C'est un beau travail de menuiserie.

A l'extrémité du mur extérieur sud un lion, en pierre aujourd'hui vermoulue, tient l'écusson de la famille de Baillon dont on ne distingue plus les armes.

L'intérieur de l'église est irrégulier. Le bas côté droit est plus étroit que le bas côté gauche; le chœur est plus haut que la nef ; sur les murs qui les sépare se lisent deux dates 1621 et 1824. Celle de 1621 marque l'époque à laquelle l'église fut terminée. L'intérieur n'a ni ornements ni sculptures.

Les voûtes d'arête sont en pierre blanche et bordées de fortes nervures qui prennent naissance dans les piliers.

Dans le chœur, un pendentif, entouré de fleurs de lys, se trouve un peu à gauche de la ligne médiane ; cette disposition est symbolique et voulue. Les trois clefs de voûte représentent Jésus sortant du tombeau, l'apparition à Magdeleine, l'apparition aux disciples. La nef se compose de quatre travées obtuses, séparées par des piliers en forme de croix. Les archivoltes sont profondément taillées. Les vitraux de couleurs ont été enlevés au XVIIIe siècle : de 1758 à 1767 ils furent remplacés par du verre blanc, dans le but de donner plus de clarté dans l'église où avec les anciens vitraux on avait peine à lire sa messe. C'était manquer de goût et de bon sens ; aussi depuis de nouveaux vitraux ont été placés, exécutés en partie par le maître verrier Varlet, de Montdidier. En 1847 le milieu de la nef fut pavé en pierre de Senlis et marbre noir de Belgique.

L'orgue date de 1667 environ ; ses dimensions sont un peu trop grandes pour l'église. Il est supporté par trois colonnes corinthiennes, ornées de cariatides ; l'agencement des tuyaux concourt à la décoration. Ils sont renfermés dans une boiserie dont le milieu et les extrémités représentent trois tours ; celles des extrémités sont enlacées à leur sommet par d'énormes serpents ; celle du milieu supporte une « ascension ». La figurine du Christ touche à la voûte, ce qui l'écrase.

La chaire est de style Renaissance ; chaque compartiment de la rampe est orné d'un père de l'Église : saint Jérôme en habits de cardinal, saint Augustin, saint Grégoire et saint Ambroise. La cuvette est hexagonale ; les évangélistes sont représentés sur les quatre côtés apparents ; des chimères et des incrustations de marbre noir décorent la rampe et la cuvette, qui est terminée par six sirènes, dont les queues se réunissent sur une boule. Le dossier de la chaire représente la vierge et l'enfant Jésus. Des incrustations de marbre et des sculptures décorent l'abat-voix. Sur une tablette de marbre on lit les dates 1627-1628.

Sous la première marche en bois de l'escalier on lit l'inscription suivante : J'ai esté faite par M. Robert Fissier Menu. 1630.

La chaire fut vendue en 1795 à M. Lefèvre, notaire, qui la laissa en place et c'est ainsi que fut conservé ce beau travail de légère menuiserie.

Le banc d'œuvre fut fait en 1688 par Pierre Le Maire, menuisier à Montdidier. C'est un travail curieux.

Dans la chapelle du Sacré cœur se trouve un tableau, attribué à Le Sueur, qui représente un épisode de la vie de saint Nicolas ; il aurait été donné par Racine à l'église, d'après Scellier ; mais c'est une erreur manifeste. Racine avait épousé une jeune fille de Montdidier, Mademoiselle de Romanet, qui possédait une terre à Grivillers.

La chapelle de la Vierge ferme le bas côté gauche. Derrière, dans le mur se trouve une statue de la vierge, cachée par l'ornementation de la chapelle. La clef de voûte est formée d'une croix dans une couronne de huit pointes à jour.

Les fonts baptismaux qui se trouvaient en 1688 au milieu de la nef, furent transportés à cette époque dans le bas côté droit. Ils sont en pierre de La Faloise et datent de 1539.

Au-dessus du baptistère est une sculpture sur pierre qui représente la vierge entourée de ses attributs : la tour, le cèdre, la porte, le miroir avec leur signification latine et symbolique. La fontaine est figurée par trois enfants qui pissent ; Dieu le père se voit au haut. Ce bas-relief daterait de la première église du Sépulcre c'est-à-dire de 1146 environ.

Au-dessus et à droite, est une statue de saint Firmin après la décollation, avec la date : 1588 et de l'autre côté est une autre statue de saint, également en pierre.

Au milieu est un Christ en pierre, de 1517, provenant de l'ancien couvent des Ursulines.

Au fond du bas côté droit, se trouve la chapelle du Sépulcre fondée en 1549 par Godefroy de Baillon, conseiller au baillage. Au-dessus de l'arcade est un *Ecce homo* vraiment remarquable par l'expression et le modelé. L'entourage n'en est pas d'un travail moins délicat. Tout cela a été malheureusement badigeonné.

La voûte de la chapelle est basse ; les écussons portaient autrefois les armes des Baillon. Au milieu de la chapelle se trouve une châsse contenant une pierre du tombeau du Christ.

Le groupe du Christ au tombeau, au fond de la chapelle, est du XVIᵉ siècle, mais il n'a d'autre valeur que son âge.

On enterrait autrefois les membres de la famille de Baillon dans cette chapelle, ainsi que cela est attesté par les dalles funéraires que l'on voit à l'entrée.

Le chœur a une grande légèreté il fut terminé en 1570.

A la voûte sont les armes des Baillon.

Les vitraux qui le décoraient furent détruits en décembre 1724 par une tempête. Ceux qui y sont actuellement datent de 1847.

Au-dessus des lambris du chœur se trouvent dix statues des apôtres, qui doivent dater de 1550 environ. Elles ont été déplorablement barbouillées en 1762.

Le dallage du chœur et du sanctuaire a été refait en 1847.

L'autel et le tabernacle, en bois doré, sont de 1739.

Les reliquaires en albâtre sont de 1839.

L'église possède depuis 1599 un morceau de la vraie croix et depuis 1810 un autre morceau.

Dans deux reliquaires de cuivre doré se trouve conservée une partie des reliques des saints Lugle et Luglien, patrons de Montdidier.

HOTEL DE VILLE

C'est en 1195, que Philippe Auguste octroya une charte municipale aux habitants de Montdidier.

Elle concédait aux habitants des droits politiques, civils et de justice, tels que les possédait le roi, cessionnaire, comme successeur des comtes de Montdidier. La charte fut confirmée par Louis XIV le 15 novembre 1658.

Ces droits, la ville les exerça jalousement, même les droits de justice. C'est ainsi que par ordre du maïeur et des échevins, le 15 mai 1503, un voleur nommé Jean Charlot fut pendu et que le 24 septembre 1511 fut également pendue Jehanne Resty convaincue d'infanticide.

Le gibet de la ville s'élevait sur la colline en face de la fontaine de la Madeleine. On appelait ce lieu « Maurevuart » c'est-à-dire mauvais regard ; par corruption, on en a fait Maurouart ou Montrouart. Le vieux chemin de Pérennes par où les condamnés étaient menés au supplice s'appelle

encore *chemin des pendus.* Au XVIIIe siècle on délaissa
le gibet de Maurouart pour exécuter sur la place, ainsi que
le faisait depuis longtemps le bailliage.

Le corps du supplicié était enterré au cimetière Notre-
Dame, qui pour cette raison s'appelait cimetière des pendus.
Ce cimetière était situé sur l'emplacement
actuel de la rue du collège.

Parmi les exécu-
tions qui eurent lieu
sur la place de l'Hôtel-
de - Ville on cite :
celle de Michel
de la Grange,
jeune protestant
compromis lors
des troubles de
la Réforme, qui
fut brûlé vif le
jeudi saint 1515,
en présence des au-
torités et du peuple
assemblé ;

Celle de Pas-
quette Rolepot, qui
en 1602, y fut trai-
née sur la claie et dont les biens furent confisqués pour
avoir attenté à sa vie ;

Celle de trois bandits de grand chemin pendus en 1711.
Une patrouille de dragons les avait capturés dans l'église
du Mesnil-Saint-Georges et conduits à Montdidier, où ils
furent enfermés dans les cachots de la salle du Roi (Palais
de justice). Leur plus jeune frère, comme complice, assista
à l'exécution, mais en raison de son jeune âge fut envoyé
simplement aux galères.

Deux incendiaires furent encore brûlés vifs sur la place le 28 septembre 1854.

Enfin la dernière exécution capitale eut lieu en août 1757. Deux soldats aux gardes françaises, compromis dans l'attentat de Damiens, après avoir été roués vifs furent brûlés encore vivants, pour assassinat. L'emplacement de l'échafaud était marqué par trois gros pavés, dont deux se voient encore en bordure du trottoir.

Sur le premier sceau de la ville, dont un original se trouve aux archives nationales, figurait un homme à cheval, avec au revers un *agnus Dei*.

Ce sceau était déjà modifié en 1308, car il représente une tour crénelée, avec une porte munie de herse, surmontée d'un donjon et accompagnée de fleurs de lys.

A partir de Philippe le Bel les armes sont celles que la ville possède actuellement : tour donjonnée entourée de sept fleurs de lys dont une tronquée.

La maison commune fut d'abord construite près de l'église actuelle de Saint-Médard, car à l'origine la ville s'était développée dans la vallée sous la protection du château fort du prieuré.

Mais au XVe siècle, l'hôtel de ville trop exposé aux surprises de l'ennemi fut transporté dans la ville haute, sur l'emplacement actuel.

Brulé lors de l'incendie de la ville par ordre de Louis XI en 1475, il était rebâti en 1485.

En 1523 il fut de nouveau incendié par le duc de Norfolk et rebâti en 1524.

En 1620, il menaçait ruine : on le reconstruisit.

En 1898 il était dans le plus mauvais état lorsqu'on décida de le reconstruire, toujours à la même place ; c'est l'hôtel de ville actuel. Sa construction a coûté deux cent soixante-dix mille francs, mobilier compris.

L'inauguration fut faite en grande pompe le 14 mai 1899 par M. Legrand, sous-secrétaire d'État aux beaux-arts, remplaçant M. Leygues, ministre ; par M. Richard, maire ; M. O. Périn, premier adjoint ; M. Winandy, sous-préfet ; M. Klotz, député, depuis ministre des finances, entourés des autorités administratives et judiciaires du département.

Il y eut un grand banquet et une représentation de gala donnée par des artistes envoyés par le ministre des beaux-arts ; c'étaient Mademoiselle Lafargue et Noté de l'Opéra ; Madame Segond-Weber de l'Odéon ; Mademoiselle Renée du Minil, Truffier et Barral de la Comédie-française.

La façade sur la place est monumentale ; la porte d'entrée est décorée de génies dus au ciseau du sculpteur Lucien Pallez. Au milieu sont les armes de la ville. Au faîte se trouve l'horloge.

Le toit est terminé par un campanile dans le genre de celui qui existait sur l'ancien hôtel de ville. Le dôme en est soutenu par huit colonnettes. La cloche qui y est suspendue serait de 1526, d'après la date qui y est inscrite. Elle était déjà dans l'ancien campanile et c'est la plus ancienne de la ville. Un jacquemart, appelé Jean Duquesne, on ne sait pourquoi, est censé sonner les heures. Il ne fonctionne plus mécaniquement, le mouvement en étant détraqué. Une vieille coutume veut que le corps de tout conseiller municipal, mort en exercice, passe devant l'hôtel de ville au moment de l'enterrement. A cet instant Jean Duquesne est mis en branle et sonne le glas.

Depuis 1640 le jacquemart dit Jean Duquesne a toujours figuré sur le campanile, aussi la municipalité a-t-elle imposé à l'architecte M. Henri Schmit de l'y conserver. Celui-ci y a replacé très heureusement l'ancienne figurine.

La façade de l'hôtel de ville est en pierre de taille ; les cheminées, monumentales, sont en brique rouge ; les ancrages en fer ont la forme d'un M.

On entre d'abord dans un vestibule décoré de colonnes et de grosses lanternes.

En face est l'escalier : en marbre avec rampe en fer forgé.

A l'entresol à côté des services de la mairie est le cabinet du maire, actuellement M. Havart.

Sur sa cheminée est une curieuse et jolie pendule Louis XVI ; au-dessus un tableau représente Montdidier au XVII° siècle. Sous une crédence est un vieux coffre en bois à trois serrures, où l'on renfermait très anciennement le trésor municipal et le livre Rouge sur lequel étaient relatés les principaux événements concernant la ville. Ce livre fut brûlé en 1793, sur la place de l'Hôtel-de-Ville, au moment des troubles de la Révolution.

Sur les murs sont divers portraits des maires de Montdidier. Il en est d'anciens remarquables par la facture. Ces portraits de maires sont ceux de Pierre Petit, en gravure (1645), de Boquillon de Jenlis (1764), de Cousin de Beaumesnil (1791), de Saint-Fussien (1791), d'Hippolyte Coquerel (1800), du baron de Septenville (1824), de Jean Ballin (1830), d'Hippolyte Chandon (1831), d'Alexandre Ferlin (1848), de François Fabignon (1848), de Charles Mangot (1860), de Raviart (1880), de Félix Pillon (1892).

La Bibliothèque populaire contient deux mille volumes d'ouvrages courants ; elle est fort bien administrée par M. Cachelou, avoué, qui est un bibliophile éclairé.

Dans les armoires de la salle de la petite bibliothèque se trouvent les manuscrits précieux du bourgeois Gabriel Scellier, provenant du fonds Godard, qui comprend trois mille cinq cents volumes.

Au milieu de cette pièce est une table ovale autour de laquelle se rangeait le bureau du conseil municipal dans l'ancien hôtel de ville. Aux murs sont pendues quelques gravures et lithographies anciennes. Près de la fenêtre est une vieille armoire peinte en noir qui provient de l'ancien hôtel de ville. Sur le fronton sont les armes découpées de la ville.

Il n'y a pas de musée municipal, cependant l'espace ne manquerait pas pour le loger, non plus que les objets pour le remplir.

En effet, dans une pièce sous les toits, on a rangé quelques vieilles choses. On y trouve les bustes en plâtre de Charles X, Louis XVIII et Louis Philippe, qui sont d'une bonne facture. Par terre sont un boulet en pierre ; trois fauconneaux ; une canne bizarre ornée de serpents ; des fers de lance en bronze ; et une collection de vieilles faïences données à la ville en 1887 par un cantonnier, Honneste Mahieu, comme condition de son entrée à l'hospice.

Sur la vitrine au milieu de la pièce se trouvent la truelle en bronze avec laquelle M. Bardon, préfet de la Somme, posa la première pierre de l'hôtel de ville et les ornements qui surmontèrent successivement les hampes des drapeaux de l'hôtel de ville : une aigle et deux coqs. Dans la vitrine sont : un parchemin de franc maçon, une montre Louis XV, des silex et une figurine en ivoire jauni, représentant la vierge et l'enfant Jésus.

Dans un coin est placée une vieille madone en bois.

A côté se trouve la cage de l'horloge ; celle-ci a été construite en 1850, à Ferrières, par l'horloger-constructeur Renard, pour l'ancien hôtel de ville et replacée dans le nouveau.

Au premier étage, quatre salles sur trois donnent sur la place.

Au centre est la salle du conseil, dont l'ornementation est due au sculpteur Trugard.

Sur la cheminée monumentale, en marbre rouge des Flandres, est une belle figure en plâtre de la République d'après le modèle d'Injalbert, 1889.

Le buste en plâtre de Parmentier, don du roi Louis-Philippe est placé sur le panneau qui lui fait face. A noter que la lettre du roi qui annonce l'envoi, mentionne le buste comme étant en terre cuite.

Dans la chambre des délibérations, au-dessus de la cheminée Louis XVI, est placé un beau tableau d'E. Toudouze « *La mort de Brunehaut* », don de M. Klotz, député de Montdidier et maire d'Ayencourt-le-Montchel. La tradition veut que Frédégonde, par ordre de qui Brunehaut fut attachée à la queue d'un cheval fougueux pour être suppliciée, soit née à Ayencourt-le-Montchel. Mais cette légende a été inventée de toutes pièces par M. de Montauviller, vers 1848, alors qu'il était sous-préfet de Montdidier. Sous prétexte que Frédégonde était née en Picardie, sans qu'on puisse dire où, il décida qu'elle était née au Montchel. Un beau rapport authentiqua cette décision et le poëte Galoppe-Donquaire s'attacha dans de nombreuses pièces de vers à répandre et à accréditer cette fantaisie.

La cheminée est celle qui ornait la salle du conseil de l'ancienne mairie.

Sur les murs on remarque certains portraits, par le peintre Asselin de Montdidier : Parmentier, Fernel, Caussin de Parceval, les Capperonnier. Au mur, au-dessus de la porte est le buste de Charles Dallery, inventeur de l'hélice. Celui-ci est né à Amiens, mais il épousa une jeune fille de Montdidier, c'est pourquoi il figure parmi les illustrations de la ville.

Dans le vestiaire attenant à cette pièce est un très bon tableau de Duhamel d'après Germain Drouais. Ce serait la femme adultère (?)

Dans la salle opposée sont des portraits parmi lesquels on peut citer ceux de : Liénart, conseiller en l'élection ; de Montauviller ; de Jean Dupuy ; de F. Radenez, adjoint au maire en 1860 ; de Labordère, représentant du peuple en 1848 et de Jametel.

Contre le mur de la salle du conseil sur le palier est un beau marbre, don de l'État : *Le secret du Torrent*, du sculpteur G. Loiseau Bailly.

Les mosaïques des paliers quoique simples sont fort belles. Les bordures figurent des flots dans le genre étrusque.

En haut de l'escalier, contre le mur de la salle des mariages est un beau cartouche en plâtre, de Trugard, représentant les armes de Montdidier, soutenues par deux bêtes héraldiques.

La salle des mariages est sur le palier en face du grand escalier. Elle a 13 m. de long. et 4 m. 70 de haut. Les fenêtres donnent sur le jardin. Les vingt-trois fauteuils Louis XVI qui la meublent proviennent de la salle du conseil de l'ancienne mairie. Ils sont de l'époque, mais n'ont rien de remarquable. Sur la cheminée en marbre blanc de style Louis XVI, est une maquette en plâtre des génies qui décorent la porte de l'hôtel de ville. Les enfants de M. Georges Richard et de M. Octave Périn, anciens maires, servirent de modèles au sculpteur Pallez.

Au-dessus est une sereine figure en plâtre de la République, d'un beau modèle.

Derrière le fauteuil du maire, contre le mur, une fine statuette en bronze, de Parmentier, est la réduction de la statue de Parmentier signée Gaudet, qui se trouve dans le jardin de l'hôtel de ville de Neuilly-sur-Seine. Elle a figuré au Salon.

Le prétoire de la justice de paix est au rez-de-chaussée.

Dans le jardin est un canon en fonte qui fut donné à la ville en 1863 par M. Martin, substitut du procureur impérial. Le métal est encore bon, mais l'affût en bois et surtout les roues sont vermoulus. M. Martin le tirait lorsqu'il voulait convier ses amis à déjeuner. Ceux-ci accouraient au signal convenu. Après le départ du substitut, la ville le laissa longtemps dans l'impasse en face de l'imprimerie Radenez où il servit aux jeux des gamins du quartier.

PALAIS DE JUSTICE

De 85o à 1185 c'est-a-dire pendant trois cents ans environ le comté de Montdidier fut l'apanage de cinq familles différentes qui portèrent le titre de comtes de Montdidier. Ce fut d'abord celle d'Hilduin; puis celle de Valois par la conquête de Raoul de Crépy; celle de Vermandois et enfin celle de Flandre.

Le château des comtes était situé sur l'emplacement actuel du palais de justice, de la promenade du prieuré et de l'ancien collège. Sa position était particulièrement forte, car des fossés profonds dont les vestiges se voyaient encore en 183ͳ le protégeaient au Nord et au Sud.

Le belliqueux Raoul de Crépy y mourut; les comtes de Vermandois y résidèrent fréquemment. Mais on ne sait comment était ce château. D'après une tradition locale il fut rasé par Philippe Auguste, dans la crainte où aurait été ce prince de le voir tomber aux mains des grands vassaux ou des Anglais.

On ignore à quelle époque eut lieu le démantèlement,

toujours est-il qu'en 1310 c'est-à-dire sous Philippe le Bel, le château fort n'existait plus. Sur l'emplacement du palais de justice actuel il y avait alors une maison dite Porte du Castel. Pour arriver à cette maison il fallait traverser un petit pont. En 1850 le dessous de ce pont subsistait encore et servait de cave au concierge du jeu d'arc Remy Douin. A son extrémité était la porte du Castel; cette porte avait été reconstruite plusieurs fois et on la conservait suivant le droit féodal comme chef-lieu de mouvance des fiefs qui en dépendaient.

Quelques auteurs ont prétendu que les rois de France, et parmi eux Philippe Auguste, avaient à Montdidier un palais où ils résidèrent parfois. Cette opinion est controuvée, sauf peut-être en ce qui concerne Philippe Auguste, car il est possible qu'après le traité d'Amiens qui lui donnait Montdidier, il soit venu dans le château de Raoul prendre possession effective de son fief.

En 1705 Olympe de Brouilly, dame de Piennes, épouse du duc d'Aumont, gouverneur du Boulonnais, ayant, pour plaire au roi, échangé les fiefs et terres qu'elle possédait dans le parc de Versailles contre les fiefs relevant de la châtellenie de Montdidier, le duc d'Aumont prit le titre de comte de Montdidier qu'il conserva jusqu'à la Révolution.

On prétend que le vieux bâtiment, qui sert aujourd'hui de palais de justice, fut construit par Philippe Auguste avec une partie des matériaux provenant de la démolition du château des comtes. Ce serait en souvenir de cette construction que l'édifice prit le nom de Salle du Roi sous lequel on le désignait avant 1789. Les Bénédictins s'étant installés à côté, le prieur en fit sa résidence; mais au XVI° siècle, pendant les guerres de religion, il dut quitter la place et on y installa le bailliage.

Comme bâtiment le palais de justice n'a rien de remarquable quoiqu'il soit fort pittoresque et produise un effet imposant lorsqu'on le voit de la vallée ou de la plaine. Son air de vieille cathédrale attire et retient le regard.

La porte voûtée en est certainement la partie la plus ancienne. Après la voûte, contre le mur, près du bec de gaz on voit encore une figure sculptée à demi rongée par le temps. Cette figure a dû être placée là après coup. Au-dessus de la porte sous les fenêtres se trouvent les armes de Picardie soutenues par des génies ailés. Elles ont été placées là par l'architecte départemental il y a une vingtaine d'années. On ne sait d'où elles proviennent.

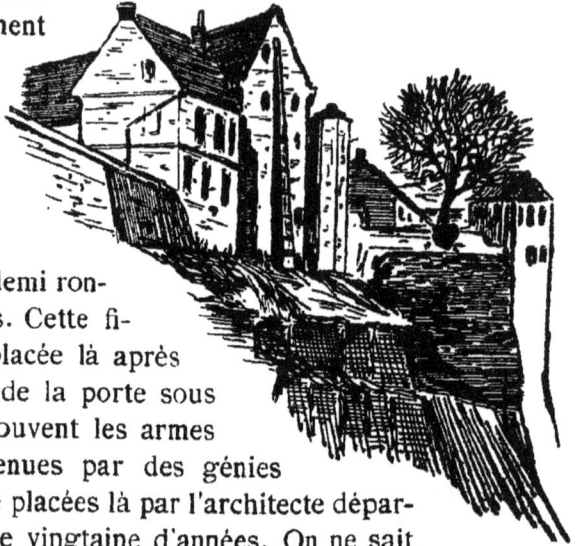

Le rez-de-chaussée était avant 1789 occupé par la prison du bailliage et les prisonniers ont gravé leurs noms, des inscriptions et des figures symboliques sur la pierre tendre du préau et des cellules. On en distingue encore quelques mots et des dates, notamment celles de 1578 et 1673; des arcs boutants donnent au préau un aspect très curieux.

L'entrée du tribunal est sous la voûte. A droite est le parquet du procureur de la République, qui fut autrefois la salle de conseil des Bénédictins, puis celle des audiences du bailliage, avant que les plafonds du premier étage fussent posés, et enfin la salle de la justice de paix et du tribunal de commerce en 1860. Quelques méchants tableaux en grisailles le décorent. Ils

proviennent de l'église des Capucins lorsqu'elle fut démolie. Ils sont sans valeur d'aucune sorte.

Le logement du concierge est au gauche de l'entrée du tribunal. Cette salle voûtée servait autrefois à serrer les munitions de guerre. Les fenêtres qui prennent jour sous la voûte ont été percées vers la fin du XIX° siècle.

En haut de l'escalier de pierre blanche datant du XIII° siecle et restauré récemment se trouve la salle des pas perdus. Elle prend jour par trois fenêtres étroites à meneaux.

Dans cette salle et dans la suivante qui sert de vestibule à la salle d'audience, se trouvent de grandes tapisseries de Bruxelles qui proviennent du château de Ferrières (Oise) démoli en 1809. Elles ont été achetées en 1791 par le président Cousin de Beaumesnil qui en fit don plus tard au tribunal pour servir à sa décoration. Ces tapisseries sont du XVII° siècle. Elles avaient été composées d'après des cartons de Raphaël, croit-on, par H. Reydams pour la ville de Douai. Elles représentent l'histoire de Moïse et des Hébreux, et sont au nombre de six. L'une d'elles a été fort abimée, vers le milieu du siècle dernier, par une fuite qui s'est produite sur les toits, pendant un violent orage. De l'eau mélangée de suie a coulé sur elle. En 1820 lorsqu'on répara le tribunal, des maçons s'emparèrent de ces tapisseries pour couvrir leur mortier et protéger leurs outils. Le président Hanquez s'en aperçut par hasard en venant

visiter les travaux. Il entra dans une telle colère que, saisissant sa canne, il voulut les bâtonner. On répara le mal du mieux qu'on pût, mais la chaux avait rongé les couleurs et en bien des endroits la trame. C'est la cause du délabrement dans lequel se trouvent aujourd'hui ces tapisseries qui étaient vraiment belles et malgré tout donnent grand air à la salle des pas perdus. De ces tapisseries la meilleure est celle placée au-dessus d'un vieux banc en chêne, qui servait déjà aux audiences de l'ancien bailliage. Il y a au milieu de cette tapisserie un groupe, formé par un enfant que son père conduit par la main, qui est d'une réelle beauté, autant par l'expression des visages que par le modelé des formes. C'est un pur chef-d'œuvre qu'il faut se hâter d'admirer avant que le temps l'ait détruit à jamais.

Des tapisseries semblables à celles-ci se trouvent à l'hôtel de ville de Bruxelles, mais en parfait état de conservation. Elles sont signées de Reynolds Reydams, sans doute un parent de celui qui fit les tapisseries de Montdidier.

On ne sait comment, faites pour la ville de Douai, elles sont venues meubler le château de Ferrières.

Après l'aventure dans laquelle elles faillirent périr, ces tapisseries parurent tellement abimées, à ceux qui les avaient vues si belles, qu'on eût honte de les replacer sur les murs, les réparations terminées. On les relégua dans un grenier où elles continuèrent à moisir, mais M. Victor Cauvel de Beauvillé ayant été nommé substitut, sur ces entrefaites, réclama contre cette mesure et fit tant et si bien bien qu'on les replaça sur le mur, dans le cadre en bois où elles sont encore.

Dans la salle des pas perdus donnent : la chambre d'instruction et le cabinet du président du tribunal.

La chambre d'instruction est une vaste pièce meublée de quatre fauteuils, dont le bois est ancien et la forme Louis XV est jolie. Malheureusement le badigeon jaune dont il est sali lui enlève sa délicatesse. Quant aux tapisseries anciennes dont ils étaient recouverts, elles ont disparu de la façon la plus adroite depuis quelques années. La bibliothèque est celle qui a été léguée par le président Cousin de Beaumesnil. Elle est composée d'ouvrages de l'ancien droit, pour la plupart en fort mauvais état.

Sous la Terreur, comme on manquait de place dans les prisons de la ville on entassa dans cette pièce le plus d'aristocrates que l'on put. La fenêtre qui donne à l'Est est grillée depuis cette époque.

Avant 1789, l'instruction criminelle se faisait dans la salle qui sert aujourd'hui de salle des témoins et donne dans la salle d'audience.

Dans le cabinet du président se trouvent une pendule Louis XIV avec incrustations de cuivre et d'écaille et trois fauteuils anciens recouverts de vieilles, mais fort belles tapisseries. Elles s'en vont par lambeaux. Dans ce cabinet est conservé un ouvrage de droit ancien : *Les coutumes du gou-*

vernement de Péronne, Montdidier et Roye. C'est un manuscrit précieux, in folio, de quatre-vingt-six feuillets écrit en grosse écriture gothique sur velin. Il porte la date de 1569. Ce manuscrit était resté dans le grenier de Joseph de Bertin, dernier lieutenant général au bailliage de Montdidier. En 1824 M. de Warenghien, substitut, qui habitait la maison de M. de Bertin, l'y aperçut un jour en furetant. Il montra sa trouvaille à M. Fabignon, juge suppléant, qui l'acheta aux héritiers de Bertin pour un franc. Le mauvais état de la couverture fleurdelysée détermina M. Fabignon à la faire remplacer par une couverture nouvelle en maroquin rouge.

En 1837, M. Fabignon résigna ses fonctions de juge pour aller se fixer à Beauvais et en quittant le tribunal laissa le manuscrit comme souvenir à ses collègues.

Sur la page de garde se trouve la note suivante :

Ce manuscrit vient de la bibliothèque de M. de Bertin, ancien lieutenant général au bailliage de Montdidier. Il a été acheté aux héritiers de ce magistrat par le soussigné au mois de novembre 1824. Fabignon, juge suppléant au tribunal de Montdidier.

Sur la première page il y a cette mention sans doute de la main de M. de Bertin : j'appartiens à M. de Bertin, lieutenant général de Montdidier.

Sur le quatre-vingt-sixième feuillet se trouvent au-dessous du procès-verbal de codification, les signatures des trois commissaires : de Thou, Faye, Viole et leurs sceaux en cire.

C'étaient les rédacteurs des coutumes, ainsi que l'atteste l'en-tête du manuscrit. Cristofle de Thou était premier président en la cour du Parlement ; Barthelemy Faye et Jacques Viole étaient conseillers en ladite cour.

Cette rédaction avait été ordonnée par le Parlement de Paris, sous la surveillance des trois commissaires.

Le portrait de M. de Bertin propriétaire de cet ouvrage, se trouve à l'Hôtel de ville.

Le greffe se compose de deux grandes pièces dont les fenêtres ont vue sur la cour de la prison. Disposition bizarre et peut-être unique en France en ce qui concerne les maisons d'arrêt.

La salle d'audience a 16 mètres sur 10.

Dans l'hémicycle derrière le tribunal se voyait encore en 1904, un grand tableau de P. Vanderval, peint en 1817. Il représentait le Christ en croix grandeur naturelle. Un sapeur du 29ᵉ de ligne avait posé comme modèle. Sur un ordre général venu de la chancellerie (M. Vallé, garde des sceaux), prescrivant d'enlever des prétoires les emblèmes religieux, ce tableau fut enlevé et placé dans une caisse en bois. Il est déposé actuellement dans le corridor qui conduit de la salle d'audience à la salle des témoins, où il ne résistera pas longtemps à l'humidité. Il a été remplacé par une stèle en simili marbre surmonté d'une tête en plâtre, fort laide, de la République.

A gauche du tribunal, est une grande pendule Louis XIV, incrustée de cuivre et d'écaille, placée sur un pied de même ; le tout a 2 mètres 60. Elle était estimée deux cents francs en 1811. On l'attribue à Boule.

Les trois vieux bancs en chêne, qui sont à la disposition du public, proviennent de l'ancien bailliage.

Avant que le calorifère à air chaud ne fut installé dans la salle d'audience une grande cheminée existait contre le mur de séparation du greffe et c'était autour des bûches le rendez-vous de tous les individus sans occupations pendant l'hiver. Cette cheminée a disparu depuis 1860.

La chambre du conseil actuelle date de 1848. Elle a été aménagée à cette époque dans le bâtiment de la prison pour femmes. Auparavant la chambre actuelle d'instruction était la chambre du conseil.

Un escalier fort raide et incommode descend dans la cour de l'ancienne prison convertie en jardin.

Le toit du palais de justice a été modifié du côté Sud en 1907. On y a pratiqué deux fenêtres pour éclairer des pièces destinées au concierge.

Le tribunal de première instance de Montdidier a été institué par la loi du 8 germinal an VIII (18 mars 1800).

Le président qui y fut le premier nommé fut : Louis-François de Paule Billecoq.

L'affaire la plus retentissante plaidée à la barre du tribunal de Montdidier fut, à cause de la qualité des parties, le procès du Plessis-Bellière.

Le 4 juillet 1890, Jeanne-Marie de Pastoret, veuve du comte de Rougé, marquis du Plessis-Bellière, née au château des hautes maisons, commune de Montry (Seine-et-Marne), décédait au château de Moreuil, âgée de soixante-treize ans.

Par testament du 16 décembre 1889, auquel était annexé un codicille du 4 juillet 1890, jour même de sa mort, la marquise du Plessis-Bellière instituait comme légataire universel de sa fortune évaluée plusieurs millions 1° Sa Sainteté le pape Léon XIII ; 2° à son défaut le cardinal Rampolla ; 3° en cas de refus de ce dernier, le comte de Colbert-Turgis.

Les conditions du legs étaient, que l'hôtel qu'elle possédait à Paris à l'angle de la place de la Concorde et de la rue Royale servirait de palais au nonce du pape à Paris, dont le château de Moreuil serait la résidence d'été. Une disposition spéciale stipulait que la statue de Notre-Dame de Lorette, à qui elle faisait des dévotions particulières, dans la chapelle du château, serait parée de tous ses bijoux. Rien en outre ne devait être changé à la décoration intérieure des appartements.

Le pape Léon XIII ayant accepté le legs, les héritiers

protestèrent et attaquèrent le testament, fondant leur prétention sur ce que le legs était fait à une personne spirituelle, laquelle n'avait pas de capacité juridique et qu'en outre le testament était nul comme entâché de *fidei commis*.

L'affaire vint à la barre du tribunal au mois de novembre 1891. Elle dura trois audiences successives ; la quatrième fut occupée par les conclusions du ministère public. Un auditoire nombreux les suivit avec intérêt ; Me Hémar, assisté de Me Cachelou, avoué, se présenta pour le pape ; Me Dacraigne, assisté de Mes Dorgeville et Bernard, avoués, pour les héritiers et Me Lorgner, assisté de Me Richard, avoué, pour le comte de Colbert. Le tribunal était composé de MM. Gaucher, président, Delignières, Dausse et Rohart, juges ; Sourdat, procureur de la République ; Chevret, greffier.

Le jugement fut rendu le 4 février 1892, il ordonnait que le testament recevrait son plein et entier effet. Sur appel, interjeté devant la cour d'appel d'Amiens, Me Waldeck-Rousseau se présenta pour le pape Léon XIII. Mais malgré le talent de cet orateur, la cour infirma le jugement du tribunal de Montdidier et annula le testament.

Une transaction intervint entre les parties laquelle fut homologuée par la cour de Limoges. Ainsi, les biens auxquels la marquise du Plessis-Bellière avait voulu donner une destination spéciale furent dispersés aux quatre vents des enchères.

L'HOPITAL

L'Hôpital est situé à l'extrémité du faubourg de Roye, en face de l'emplacement occupé autrefois par le couvent des Ursulines.

La fondation de cette maison est du mois de mai 1693; on la doit à la charité de Mesdemoiselles Delisle, Lempereur et Rallu.

Une porte cochère cintrée donne accès dans la cour, au fond un cloître composé de neuf arcades règne le long du bâtiment. La chapelle date de 1848, époque où elle fut refaite.

Les malades sont soignés par des religieuses de l'ordre de Saint Vincent de Paul.

Dans la grande salle de l'Hospice, à côté du parloir, se trouvent les portraits de :

1° Melle Rallu, fondatrice de l'Hôpital en costume des Miramiones ;

2° Melle Lempereur, tante de Melle Rallu, également fondatrice, elle tient entre les mains les insignes des Miramiones;

3° Melle Thérèze-Suzanne Scellier, en religion sœur Victoire, supérieure de l'Hôpital, sœur de l'historien Scellier; plus trois portraits d'évêques.

Au-dessus de la porte est celui du père Etienne, ancien supérieur général et rénovateur de l'ordre.

Les verrières ont été exécutées à Montdidier par le peintre décorateur Varlet.

LE COLLÈGE

L'établissement désigné actuellement sous le nom de collège, bâti sur l'esplanade du Prieuré, est d'une origine très ancienne.

Au Xᵉ siècle il existait là une église bâtie par Helwide, femme d'Hilduin I, comte de Montdidier. Elle occupait l'emplacement de la chapelle et une partie du terrain adjacent ; elle était à peu près aussi grande que l'église Saint-Sépulcre. L'entrée était, dit Scellier, à six toises de la voûte du palais de justice. Du mur de l'église à l'ancienne prison il y avait trente-deux pieds ; le portail faisait face à l'Ouest.

La salle du Roi (palais de justice), alors logement du prieur, communiquait avec l'église au moyen d'une galerie. Elle fut détruite par un ouragan le 13 juillet 1788.

Le monastère était bâti entre la salle du Roi et les fortifications. Les chanoines de Saint-Augustin l'occupèrent jusque vers 1130 ; les Bénédictins leur succédèrent, y jouissant des donations et revenus que les comtes de Montdidier leur avaient concédés.

Il fut détruit, au XIII° siècle, sur l'ordre de Philippe Auguste ; mais bientôt après on construisit un nouveau monastère pour les religieux, plus près de l'église.

Au XIV° siècle, les guerres forcèrent les religieux à s'éloigner ; c'est à cette époque que l'on sépara la salle du Roi du couvent, car le Prieuré comprenait alors tout l'espace occupé par le palais de justice, l'esplanade et le collège.

Le monastère, si près des fortifications, eut beaucoup à souffrir des guerres des Anglais au XIV° siècle et aussi de celles de Louis XI et des ducs de Bourgogne.

A la fin du XV° siècle, le prieur Adrien de Henencourt entreprit de le reconstruire et de réparer l'église. Le nouveau monastère consistait en deux corps de logis avec des cloîtres qui entouraient des quatre côtés un préau.

En 1544, Vivonne, capitaine de Montdidier, ayant projeté de construire une citadelle sur le Prieuré, prit une partie du terrain occupé par les religieux et le transforma en une esplanade, qui est aujourd'hui la promenade dite du Prieuré, en souvenir des Bénédictins.

Le monastère devait subir une troisième transformation.

En 1784, en effet, les bâtiments menaçant ruine, on commença des travaux de reconstruction qui furent interrompus par la Révolution en 1790.

Les Bénédictins s'éloignèrent sans avoir pu s'installer dans leur habitation inachevée.

Le 25 septembre 1804, Napoléon décréta que la commune de Montdidier était autorisée à établir une école secondaire dans les bâtiments du ci-devant couvent des Bénédictins et ses dépendances et les concéda à la ville à cet effet.

On confia la direction du collège à l'abbé Lamar ; en 1806 il fut remplacé par les frères de la Foi. En 1807, un décret intervint, ordonnant la suppression des collèges tenus par les frères de la Foi ; celui de Montdidier fut alors confié à des prêtres de Beauvais et ensuite au père Scellier jusqu'en 1812.

Le collège demeura ensuite, pour ainsi dire, fermé jusqu'en 1818, époque où les Lazaristes en prirent la direction. Ils y dépensèrent plus de cent cinquante mille francs en constructions comme si un avenir indéfini leur était réservé.

En 1901, les Lazaristes l'abandonnèrent au frère Delarozière, prêtre du diocèse d'Amiens, qui le dirigea jusqu'en 1907.

Cet établissement aujourd'hui libre de toute affectation, est la propriété de la ville de Montdidier.

LES HOMMES ILLUSTRES

Robert Le COCQ

né à Montdidier vers 1310, mort en Espagne en 1368. Fut évêque de Laon de 1351 à 1363 et mêlé aux troubles des communes avec Etienne Marcel. Il était bourgeois de Montdidier.

Jean FERNEL

Clermont dispute à Montdidier cet illustre médecin. On le croit cependant né à Montdidier en 1497. Il fut en 1556 premier médecin de François Ier. On prétend qu'il guérit Diane de Poitiers d'un mal dangereux et Catherine de Médicis de la stérilité. Toute l'Europe le consultait. Mathématicien distingué, il fut le premier à mesurer le méridien, en cherchant la distance d'Amiens à Paris, à l'aide du nombre de tours de roue de sa voiture, d'une ville à l'autre.

Fernel est mort à Paris en 1558.

Adrien de la MORLIÈRE

né à Montdidier vers 1560, fut le premier historien de la

Picardie. Il mourut à Montdidier le 19 octobre 1639 et fut enterré dans la cathédrale d'Amiens, dont il était chanoine, dans la chapelle Saint-Eloi.

TROUVAIN Antoine

Graveur né à Montdidier vers 1656 (les procès-verbaux de l'académie Royale de Peinture et Sculpture le disent expressément), mort à Paris le 18 mars 1708.

Présenté à l'académie le 27 juin 1705, il y fut reçu le 30 juillet 1707, sur la présentation des Portraits de Jouvenel et Houasse (également de l'académie); s'est spécialisé avec succès dans le portrait; on lui doit une nombreuse série de personnages de la Cour, *en mode.*

S'est établi comme marchand d'estampes en 1686, rue St-Jacques à l'enseigne du Grand Monarque, proche les Mathurins.

Ces renseignements sont dus à M. Albert Tenaillon, qui se propose de publier un ouvrage sur la vie et l'œuvre de Trouvain.

Les CAPPERONNIER

Claude, né à Montdidier le 1er mai 1671, mort le 24 juillet 1744 à Paris. Fut nommé en 1722 professeur de langue grecque au collège de France.

Jean, neveu de Claude, né à Montdidier le 17 mars 1716, fut le successeur de son oncle au collège de France et conservateur de la bibliothèque du Roi ; il mourut à Paris le 30 mai 1775.

Jean-Augustin, neveu de Jean, né à Montdidier le 2 mars 1745, mort à Paris le 16 novembre 1820, succéda à son oncle en 1765, comme conservateur de la bibliothèque du Roi.

PARMENTIER Antoine-Augustin

Naquit à Montdidier le 12 août 1737. Son père était marchand linger; sa boutique existe encore dans la rue qui porte aujourd'hui son nom. (Délibération du conseil municipal du 9 mai 1826). Il avait un frère et une sœur; son père étant mort, leur mère Marie-Euphrasine Millon se consacra à leur éducation. A treize ans la nécessité l'obligea à se placer comme apprenti chez un pharmacien de la ville.

En 1755 on le trouve élève pharmacien à Paris, chez Simonnet son parent;

En 1757, reçu pharmacien il est à l'armée du Hanovre; ses remarquables dispositions pour la chimie le font à 24 ans, nommer pharmacien en second de l'armée.

C'est pendant cette campagne qu'il découvrit la pomme de terre; car fait prisonnier et mené en Prusse on ne lui donna pour nourriture qu'un tubercule méprisé dont on engraissait les porcs. Au rebours de ce qu'on supposait, Parmentier apprécia beaucoup cet aliment, alors inconnu, et il se promit à son retour en France de le faire connaître.

Il rentra de captivité très pauvre; mais heureusement, un concours pour le poste de pharmacien aux invalides ayant eu lieu en 1765, il s'y présenta et fut reçu. C'est là qu'il commença ses premières plantations de pommes de terre, qu'il continua ensuite dans la plaine des Sablons, près de Neuilly, où le roi Louis XVI ayant entendu parler de ses expériences l'honora d'une visite, en compagnie de la reine Marie-Antoinette. Un grand panneau décoratif, dans

la salle des fêtes de Neuilly, commémore cet événement.
A partir de cette époque, il publia de nombreux ouvrages qui répandirent son nom dans le public.

Après avoir failli être guillotiné comme suspect et empoisonneur, il est, grâce à l'appui de Bonaparte, nommé en 1795, pharmacien militaire en chef et membre de l'Institut.

Le 15 décembre 1803 l'Empereur le nomma inspecteur général du service de santé.

Resté célibataire, il mourut à Paris, d'une pneumonie, le 17 décembre 1813, à 76 ans. Il était officier de la légion d'honneur.

Son tombeau est au Père-Lachaise.

La statue qui le représente, sur la place Parmentier, a été inaugurée le 18 juin 1848. C'est l'œuvre du sculpteur Malknecht, ami de Parmentier. Son costume est celui des membres de l'Institut.

Le colonel CHANDON
(ANTOINE-VICTOR-BARTHÉLEMY)

né à Montdidier le 11 juillet 1784. Ancien élève de l'école polytechnique, ancien instructeur de l'armée turque. Capitaine en 1809, il fut blessé en Espagne d'un biscaïen à l'épaule. En 1812 il fit la campagne de Russie et fut chargé de faire sauter le Kremlin. Pendant la retraite, se trouvant à l'arrière-garde du corps du Maréchal Ney, il eut deux doigts de la main gauche coupés, au cours d'un engagement avec les cosaques. Il se trouva ensuite à Leipzig et à Lützen; puis il fit la campagne de France.

Au retour de l'île d'Elbe, il se trouvait en garnison à Grenoble. Il prit aussitôt le parti de l'Empereur et le 18 juin 1815 il était à Waterloo comme colonel d'artillerie. Il fut sabré sur ses pièces, pendant une charge des dragons écossais et trouva ainsi une mort glorieuse, à trente ans.

Il était né dans la maison, sise au n° 5, de la rue qui porte son nom.

Un mausolée a été élevé à sa mémoire au cimetière, mais il est douteux que son corps s'y trouve.

Victor CAUVEL de BEAUVILLE

né à Montdidier le 18 juillet 1817. Auteur d'une remarquable histoire de Montdidier et d'un ouvrage intitulé : *Documents inédits sur la Picardie*, en quatre volumes, qui consacrèrent sa réputation. Fut d'abord substitut à Montdidier sous Louis-Philippe, puis démissionna après les événements de 1848.

Il mourut subitement à Amiens le 5 mai 1885, d'une rupture de l'aorte, léguant à la ville d'Amiens le magnifique hospice de Saint-Victor, pour les aveugles. Son père Félix Cauvel de Beauvillé fut président de chambre à la cour royale d'Amiens ; alors qu'il était président du tribunal de Montdidier il épousa Marie-Antoinette des Forges de Caulières.

GALOPPE DONQUAIRE
(Pierre-Jean)

connu sous le pseudonyme de Cléon. Né le 16 avril 1805, à Montdidier, dans la maison aujourd'hui occupée par la Société Générale. Mort au Vésinet le 9 janvier 1867.

D'abord sous-officier de lanciers, il s'adonna ensuite aux lettres, fut journaliste et fit représenter à la Comédie Française, le 20 novembre 1844, une pièce qui eut beaucoup de succès à l'époque : *La femme de quarante ans.*

L'abbé GODARD

Godard Marie-Oswald Polidore, fils de Jean-François-Barthélemy et de Julie-Victorine Braine, naquit à Montdidier, place du marché, le 2 octobre 1840. Il fit ses études au collège de Montdidier, puis ordonné prêtre, revint comme professeur dans cet établissement en 1863. D'abord vicaire de Saint-Pierre, il fut en 1868 nommé curé de Rollot et en 1884 curé de Montigny.

Archéologue, numismate et minéralogiste, il fut membre de la société d'émulation d'Abbeville et collaborateur au cabinet historique de l'Artois et de la Picardie. La société des antiquaires de Picardie le nomma membre correspondant et lui décerna avec ses félicitations une médaille d'or grand module pour son ouvrage : *Description historique et archéologique du canton de Montdidier.* Ses principaux écrits sont : *L'histoire de Rollot ;* une *Notice sur un diptyque d'ivoire du XIVe siècle ; Un chanoine de Rollot au XVIIe siècle ; Mandement de Monseigneur Favre (1669)* à ajouter aux actes de l'Eglise d'Amiens.

Il mourut à Abbeville, le 25 mars 1901 et fut inhumé à Montdidier. Il fit don à cette ville de sa magnifique bibliothèque de quatre mille volumes et de ses précieux manuscrits. Il y aurait le plus grand intérêt à inventorier et à ranger méthodiquement ces richesses historiques.

Le Président MAGNAUD

du tribunal de Chateau-Thierry, plus connu sous l'appellation de « Bon juge » fut, du 14 mai 1881 au 6 octobre 1883, juge d'instruction à Montdidier. Les attendus des jugements du président Magnaud l'ont rendu populaire, plus encore que ses jugements eux-mêmes. Député de Paris de 1906 à 1910, il rentra en 1911 dans la magistrature, comme juge à la Seine.

LES PROMENADES

Il y en a trois : Le Prieuré, le Chemin vert et le Jardin anglais.

La promenade du Prieuré se trouve sur l'emplacement de l'ancien château des comtes de Montdidier, après avoir dépassé la porte voûtée du tribunal.

Elle date de 1678, année où François de Bertin, maïeur, la fit planter d'arbres, qui furent détruits en 1788 par un ouragan. En 1789 on y planta les tilleuls qui existent encore.

L'extrémité de la promenade s'appelle le cul-de-l'abie, par corruption de derrière de l'abbaye.

Le Prieuré surplombe les faubourgs Becquerel et Saint-Martin. Le village en face est Le Mesnil-Saint-Georges; un peu à gauche Pérennes et le Mont Soufflard. A droite, par beau temps, on aperçoit la coupole de l'église de Grivesnes, le château de Villers-Tournelle, les bois de la Folie et de Framicourt. Au loin très à gauche sont les collines de Picardie.

Dans le prolongement du cul-de-l'abie on aperçoit la ferme de Forestel, résidence du huguenot Nicolas de Bellegambe.

Le Jardin anglais, au bas de la rue Parmentier, créé par M. Charles Mangot, alors maire, fut une promenade à la mode en 1859. Les premiers aménagements furent commencés sous l'Empire, lors de la démolition des remparts de ce côté de la ville. On l'appelait alors promenade du rempart.

La promenade du Chemin vert, sur laquelle se donnent aujourd'hui les réjouissances publiques, fut aménagée en 1724 par le maïeur Charles Pringuet. En 1736 un don de Félix Cauvel de Beauvillé, procureur du roi, permit de l'agrandir.

Cette promenade fut à la mode à la fin du XVIIIᵉ siècle. Sous la révolution on y célébra la fête de l'Etre suprême, dont l'autel était dressé dans la contre-allée du côté des champs.

Sous la Restauration on se rendait au Chemin vert pour tirer à l'arc, jouer à la longue paume ou danser.

VIEILLES MAISONS ET CURIOSITÉS

.

Sur la place de l'Hôtel-de-ville, au coin des rues Parmentier et de Roye est une vieille maison du XVIᵉ siècle, connue autrefois sous le nom de maison blanche. La charpente et les poutres sont apparentes ; le rez-de-chaussée est orné de figures sculptées et au-dessus de la porte se trouve l'invocation *Jesus, Maria, Joseph* en lettres gothiques.

L'histoire de cette maison dite de l'*Ave Maria* n'est pas connue.

Au coin de la rue de Roye et de la rue Charles Mangot, se trouve une maison à tourelle surplombante datant de 1577. Elle fut habitée par M. de Baillon, major de la ville, chez qui furent déposées secrètement les reliques des saints Lugle et Luglien, patrons de la ville, lors des troubles des guerres de religion.

Derrière le nᵒ 10 de la rue Parmentier (Epicerie Papillon) se trouve l'ancienne demeure, fort délabrée aujourd'hui, de M. de Romanet trésorier général de France, chez qui descendirent tour à tour Louis XIV et Anne d'Autriche à leurs fréquents passages à Montdidier. Un grand jardin s'étendait au devant à cette époque. Mais cette maison a encore une autre histoire : c'est là que vécut Catherine de Romanet, jusqu'au moment de son mariage, avec le délicat poëte Racine, qui eut lieu en 1677. Mademoiselle de Romanet n'était pas jolie, jolie, ni riche, mais elle était dit-on, l'innocence, la candeur et la vertu mêmes. Le mariage de Racine fut célébré à l'église Saint-Sépulcre et son acte de mariage se trouve dans les archives de l'état civil à l'Hôtel de ville.

On voit un peu plus bas, dans la même rue, mais de l'autre côté, la maison où naquit Parmentier en 1737. Elle est

restée telle qu'elle était à l'époque; une nouvelle devanture de magasin a seulement remplacé celle de l'antique boutique de mercerie paternelle.

La sous-préfecture, fut sous le premier empire habitée par Jean Dupuy, maire; en 1814, par son énergie il sauva la ville du pillage des Cosaques, commandés par le baron de Guesmar, qui logea chez lui.

Dans le faubourg de Paris, au delà du chemin de fer, s'élève la maison familiale des Labordère, dont l'un fut président du tribunal d'Amiens et représentant du peuple en 1848. Son fils cadet, aujourd'hui très âgé, eut son heure de célébrité, sous le nom de major Labordère, au moment du coup d'État du 16 mai 1876.

La haute butte de terre, qui s'élève dans le jardin du collège actuel de Saint-Vincent, fut construite en 1553, par l'ordre du capitaine Meliori, pour servir de cavalier et concourir à la défense de ce côté de la place. Au pied de ce cavalier sont les ruines de la tour de Jouvency.

En 1794, Bigot, imprimeur à Breteuil, fonda une imprimerie à Montdidier. Le 15 mai 1794, l'administration du district lui donna une gratification de 1200 francs ; le 5 juin, elle l'autorisa à réquisitionner tels ouvriers qui lui seraient nécessaires pour l'impression du tableau du maximum des denrées et marchandises qui se consommaient dans l'étendue du district de Montdidier. C'est le premier ouvrage sorti des presses Montdidériennes.

En 1800, Bigot céda son fonds à François Radenez. Ce dernier était marchand de denrées et de dentelles d'Arras, il travaillait peu à son imprimerie. En 1821, il créa une feuille d'affiches, origine du *Propagateur Picard*.

En 1827, Florent Radenez succéda à son père et eut l'idée de faire, à l'usage des administrations, des imprimés en blanc. Il fut ainsi le véritable créateur de l'imprimerie administrative ; à ce moment il s'installa, 3, rue Bourget, sur l'emplacement de l'ancien couvent des sœurs grises.

En 1860, l'imprimerie en pleine prospérité fut scindée. Le *Propagateur Picard* devint la propriété de M. Mérot, gendre de Florent Radenez.

Abel Radenez son fils, continua l'impression administrative ; à cette époque il y avait dans l'imprimerie, 7 presses à vapeur et une soixantaine d'ouvriers.

En 1901, M. Grou-Radenez succéda à son beau-père; l'imprimerie, avec son outillage moderne, occupe actuellement un nombreux personnel et continue à fournir l'administration de ses imprimés officiels.

Autrefois, Montdidier était réputé pour ses pâtés de canard et ses cochons de lait. On s'arrêtait à l'hôtel de la Hache, en face de l'Hôtel de ville, célèbre déjà, paraît-il, en 1433, pour y faire de bons dîners. C'est dans cette hôtellerie que Louis-Philippe-Egalité, de passage dans la ville, reçut son brevet de colonel de dragons.

La crême de Montdidier avait aussi une grande réputation; elle lui avait été faite par Marie de Médicis, Anne d'Autriche, Marie-Thérèse et le roi Louis XIV. On ne manquait jamais de leur en servir à leur passage. C'était au point que Marie-Thérèse fit venir, à Versailles, une crémière de Montdidier pour lui en fabriquer spécialement. Etait-ce un secret de fabrication? Peut-être, mais alors il aurait été recueilli par M. Joseph Goret, cultivateur à Rouvroy, qui fabrique une crème sans égale dont le procédé lui a été enseigné, raconte-t-il, par une vieille femme. Ce serait alors une fameuse crème, puisqu'elle a fait les délices de ce fin gourmet qu'était le grand roi.

Les environs de Montdidier

CANTON DE MONTDIDIER

Andechy. — à 14 k. de Montdidier ; 37 k. d'Amiens.

Le portail de cette église de modeste apparence, est du XVI⁰
siècle ; c'est un précieux spécimen de l'art de la renaissance en
Picardie. Il y a à Andechy de vastes souterrains « *muches* » avec
23 grandes chambres ; ils furent creusés lors de la guerre de
30 ans.

En 1450, un seigneur d'Andechy, donna au chapitre de Nesles,
100 hectares de terre sis à Bouchoir.

Assainvillers. — à 5 k. de Montdidier ; 40 k. d'Amiens.

Ce village existait déjà en 1207. En 1498, la terre d'Assainvillers
appartenait au duc d'Aumont qui l'avait héritée des Brouilly. En
1636, Jean de Wœrth fit camper son armée près de la ferme de
Defoy, non loin de Montdidier, dont les habitants le délogèrent
dans une sortie heureuse. En septembre 1861, l'on découvrit à
Assainvillers un grand nombre de pièces d'or presque toutes à
l'effigie de Philippe II d'Espagne (1527-1598).

Ayencourt-le-Montchel. — à 3 k. de Montdidier ; 39 k. d'Amiens.

Une erreur accréditée par des récits fantaisistes y fait naître la
fameuse Frédégonde (VI⁰ siècle). C'est à Ayencourt que naquit
Thomas de Courcelles en 1432 ; il fut recteur de l'Université de
Paris. Le domaine d'Ayencourt appartenait avant la Révolution
au chapitre de Notre-Dame de Paris. Les doléances de la paroisse
d'Ayencourt, rédigées en 1789, ont servi de modèle à un grand
nombre de villages de la Picardie méridionale, lors de la convocation des États-généraux. — Château de M. Klotz, ministre des
finances.

Becquigny. — à 7 k. de Montdidier ; 36 k. d'Amiens.

Ce village fut incendié en 1653 par les Espagnols. L'église, qui
mérite une mention particulière au point de vue archéologique,

est du XIIe siècle, mais fut remaniée au XVIe; quatre chapiteaux romans ornent le portail; à l'intérieur se trouve un retable et un autel du XVIIe siècle. Pendant plusieurs siècles, la famille de Saint-Aurin en posséda le domaine — Château de la famille Pointin-Pointin.

Bouillancourt. — à 7 k. de Montdidier ; 35 k. d'Amiens.

Odon, était seigneur de Bouillancourt en 1184. En 1406, le domaine en fut possédé par la famille de Mailly. Les Espagnols de Jean de Wœrth s'emparèrent du château en 1636, pendant qu'ils assiégeaient Montdidier et en 1653, ils incendièrent le village. Dans le clocher, une cloche est de l'époque Henri II. Dans l'église dont la voûte est en bois, se trouvent des statuettes finement sculptées, des fonts baptismaux du XIIe siècle, un chandelier en ferronnerie du XVIe siècle. Au XIIIe siècle, la seigneurerie en appartenait aux Préaux et au XIVe, elle passa dans la famille des Montmorency. — Château de la famille de Mareuil.

Boussicourt. — a 7 k. de Montdidier ; 31 k. d'Amiens.

Boussicourt fut incendié en 1653, par les Espagnols. En 1566, Guillaume de Cauvel, seigneur de Boussicourt, était bailli d'Amiens.

Bus. — a 12 k. de Montdidier ; 36 k. d'Amiens.

Derrière l'église se trouve une chapelle dite du prévôt ; elle est lambrissée de panneaux sculptés renaissance. Le chapitre de la cathédrale d'Amiens, possédait la terre de Bus avant 1789.

Cantigny. — à 6 k. de Montdidier ; 32 k. d'Amiens.

Lors de la convocation des États sous la ligue (1593), le fief de Cantigny appartenait à Frédéric de Bemetz, écuyer. En 1698, la terre en était possédée par la famille de Goussincourt. — Château de Madame Machart.

Le Cardonnois. — à 7 k. de Montdidier ; 37 k. d'Amiens.

Ce village appartenait en 1183, à Arnould, seigneur du Cardonnois. En 1358, le château du Cardonnois fut détruit par les Jacques. En 1658, c'était la propriété de Jean Vaynette, lieutenant général de police. En 1636, la garnison de Montdidier fit subir une sanglante défaite aux Espagnols et aux Polonais, à la corne du bois du Cardonnois (coupe-gorge). L'hospice Saint-Victor d'Amiens y possédait une terre et une ferme qui lui furent léguées par Victor de Beauvillé, l'historien de Montdidier ; elles ont été vendues depuis à M. Pierre Dupleix. Lors des coupes de bois effectuées de 1849 à 1859, on découvrit de nombreux vestiges de la domination romaine. L'aspect extérieur de l'église est fort pittoresque ; près de celle-ci se trouvent les restes d'une tour de l'ancien château.

Courtemanche. — à 3 k. de Montdidier ; 35 k. d'Amiens.

Ce village fut brûlé par les Espagnols en 1653. C'était, en 1698, le domaine du marquis de Blottefière. Le château fort qui se trouvait à Courtemanche fut détruit par la Jacquerie ; un tertre qui se trouve au lieu dit « le grand pré », en marque l'emplacement.

Le Forestel. — Ce fief relevait de la salle du Roy de Montdidier pour partie et de Jumel. Le domaine consistait en 320 journaux de terre. En 1404, Isabelle de Jumel l'apporta en dot à son mari. Au XVIᵉ siècle, Le Forestel appartenait à la famille Cailleu dont un membre fut maïeur de Montdidier en 1549 ; puis il fut acheté par Antoine de Bellegambe. Mais celui-ci s'étant fait huguenot, la terre fut saisie en 1568.

Par acquisitions successives la seigneurie passa en 1604, à Pierre Dufour, receveur à la Cour des Comptes à Paris. L'évêque d'Amiens, Geoffroy de la Martonie, lui permit de faire célébrer la messe dans la chapelle du Forestel. Cette chapelle existe encore ; elle se trouve au-dessus du passage voûté qui fait communiquer les deux cours de la ferme.

La terre du Forestel passa en 1719, aux mains de Fournier, moine des tailles. En 1737, il la donna à sa nièce, Charlotte Maillard, qui l'apporta en dot à Antoine de Saint-Fussien, écuyer, lequel prit le titre de seigneur de Courtemanche et du Forestel.

Le Forestel appartient aujourd'hui à la famille Cauvel de Beauvillé. C'est Pierre Dufour qui fit bâtir à côté de l'ancienne ferme, la maison ou Chauvelin, intendant de la Province, aimait à venir dans la belle saison.

De beaux tilleuls séculaires font autour de la ferme un agréable ombrage.

Davenescourt. — à 8 k. de Montdidier, 33 k. d'Amiens.

L'église en est remarquable. C'est une des plus importantes de la contrée. On y voit le tombeau de Jean de Rabache, seigneur d'Hangest et de Davenescourt, qui, après la bataille de Poitiers (1357), fut l'un des ôtages donnés par le roi Jean dit le Bon et mourut captif en Angleterre. (M. H.). Davenescourt était autrefois une ville forte réputée imprenable à cause de la largeur de ses fossés et l'épaisseur de ses murailles. En 1347, après Crécy, Philippe de Valois vint y camper. Davenescourt fut incendié en 1417, pendant les luttes entre le roi et les ducs de Bourgogne. En 1476, Louis XI y séjourna. Sous la ligue, le château de Davenescourt fut pris et repris et enfin détruit. En 1652, les Espagnols s'emparèrent de la ville, la pillèrent et 55 maisons furent brûlées. En 1848, le choléra fit périr 78 personnes. Le célèbre abbé Maury, député du clergé aux États généraux, était prieur de Davenescourt et de Lihons. — Bonneteries. — Château du comte de Villeneuve-Bargemont.

Erches. — à 13 k. de Montdidier, 35 k. d'Amiens.

Il y avait là en 1630, un château fort possédé par Jacques de Hamel. Ce château fut incendié en 1653 par les Espagnols. En 875, Charles le Chauve, donna ce village et toutes ses dîmes à l'abbaye de Saint-Corneille de Compiègne.

Etelfay. — a 4 k. de Montdidier; 38 k. d'Amiens.

Ce village fut détruit en 1653 par les Espagnols. C'était, en 1698, le domaine de la famille de Bellencourt. D'après Scellier, il y avait au XIII° siècle dans ce village, une vingtaine de fabricants de bonneterie au métier et autant de fileuses. Sur la tombe de M. Cousin, ancien président du tribunal de Montdidier, se trouve un christ provenant de l'ancienne église du Sépulcre.

Faverolles. — à 4 k. de Montdidier ; 40 k. d'Amiens.

En 1181, le comte de Hainaut y séjourna longtemps, au cours de la guerre soutenue par le comte de Flandre contre Philippe Auguste. L'église possède un élégant portail renaissance et des fonts baptismaux du XIII° siècle.

Fescamps. — à 9 k. de Montdidier ; 45 k. d'Amiens.

Ce village existait déjà en 1112, comme en témoigne un acte de la comtesse de Vermandois, qui mit un terme aux exactions de ses officiers contre ses vassaux. En 1698, c'était la propriété de l'Abbaye de Corbie et pour partie de la famille de Mailly-Mareuil.

Dans le cimetière, en face de la porte principale, se trouve un monument très ancien. Sur un large piédestal carré, contre lequel est adossée une borne en pierre, s'élève une colonne de 2 mètres, surmontée d'un christ en croix. Le fût de la colonne est orné de fleurs de lys ; au bas se trouve une grossière représentation de Moïse ; au-dessus est une tête de mort et la date XXII may 1615.

Fignières. — à 5 k. de Montdidier ; 33 k. d'Amiens.

Ce village fut complètement incendié par les Espagnols en 1653. Le domaine en fut possédé pendant des siècles par la famille de Clermont-Tonnerre. L'abbé Charpentier était curé de Fignières lorsqu'il collaborait de 1739 à 1741, au *Mercure de France,* qui publia un grand nombre de ses odes. Par disgrâce on le laissa dans ce village. Il y avait autrefois à Fignières une fabrique de poteries.

Fontaine. — à 4 k. de Montdidier ; 34 k. d'Amiens.

Il s'y trouvait autrefois une commanderie de Malte, léguée à cet ordre par des Payens, originaire de Montdidier, fondateur de cet ordre célèbre. Elle fut incendiée en 1640 par les Irlandais. Charles le Téméraire y campa en 1471 et y reçut les ambassadeurs d'Angleterre, de Bretagne et de Venise. — Château de M. Graval.

Gratibus. — à 5 k. de Montdidier , 32 k. d'Amiens.

Autrefois le vignoble était réputé pour donner le plus mauvais vin de la contrée (on le buvait gratis). C'était, en 1470, le domaine d'Arthur de Longueval. Les Espagnols incendièrent Gratibus en 1653.

Grivillers. — à 11 k. de Montdidier ; 42 k. d'Amiens.

Le prince d'Elbœuf était, en 1698, seigneur de Grivillers. Le poëte J. Racine par suite de son mariage avec Mademoiselle de Romanet, y possédait une terre et une maison. Plusieurs lettres de lui sont datées de Grivillers.

Guerbigny. — à 10 k. de Montdidier ; 37 k. d'Amiens.

En 1198, la terre en était possédée par la famille de Soyécourt. Au XVᵉ siècle, Pothon de Xaintrailles y livra une terrible bataille contre les Anglais. En 1653, le prince de Condé campa à Guerbigny, d'où il ravagea les pays alentours vers Beauvais et Compiègne. Montdidier fut même rançonné.

Dès 940, Louis IV y avait fait construire un château fort au lieu dit « Le Mont ». D'après Dom Grenier, les Normands y avaient au IX* siècle, établi un camp, protégé par un circuit de l'Avre. Avant eux les Gaulois et les Romains avaient déjà profité de cette situation pour leurs camps.

L'église qui date du XIII* siècle, est une des premières manifestations de l'art gothique en Picardie ; il y reste quelques fragments de vieux vitraux et les fonts baptismaux qui datent de 1597, sont richement sculptés.

Hargicourt. — à 9 k. de Montdidier ; 29 k. d'Amiens.

C'est un des plus anciens villages du pays. En 1473, Charles de Goncourt en était seigneur et son fils Jean fut évêque d'Amiens. Au lieu dit « Goncourt », s'élevait un château fort où, vers 1875, on fit des découvertes intéressantes.

La Boissière. — a 9 k. de Montdidier ; 41 k. d'Amiens.

Il est fait mention de cette localité dès 1100 dans d'anciens titres et dès 1206 dans le cartulaire de Noyon. Florent de la Boissière en était seigneur en 1327. En 1430, Pothon de Xaintrailles incendia le château. En 1886, des fouilles mirent au jour un cimetière gallo-mérovingien. Le château actuel, bâti sur l'emplacement de l'ancienne forteresse, est un spécimen des manoirs du XVI* siècle. Cette construction est flanquée d'une tour octogonale qui renferme l'escalier en spirale ; la voûte en est d'un travail admiré par les architectes. — Famille de Kerdrel de Soussaye.

Lignières-les-Roye. — a 7 k. de Montdidier ; 39 k. d'Amiens.

En 1214, Philippe Auguste fit don du domaine à Robert de la Tournelle, en récompense de son courage à la bataille de Bouvines. Les de Vignacourt en furent les seigneurs en XVI* siècle. Le château était situé hors du village actuel, à l'endroit occupé aujourd'hui par la ferme Barbier.

Malpart. — à 10 k. de Montdidier ; 28 k. d'Amiens.

En 1658, le marquis de Gauffier possédait ce domaine.

Maresmontiers. — à 6 k. de Montdidier ; 38 k. d'Amiens.

Au XII* siècle, il y avait là un prieur de l'ordre de Cluny. Dans l'église on voit encore deux très vieux autels en pierre et la tombe

de Pierre de Lucelle, prieur. Le chœur est pourvu d'une cheminée et une poutre de la nef porte les armes des de Mailly. — A
Montauvillers, château de la famille Jametel.

Marquivillers. — a 11 k. de Montdidier ; 41 k d'Amiens.

Guillaume de Cauvel en était seigneur en 1566. Le nom du village a subi, dans la suite des temps, bien des variations ; on l'a
écrit de 22 manières différentes. L'abbaye de Corbie y avait une
grange dîmeresse au lieu dit le « Camp de Corbie ». Ce pays
possédait une mesure agraire spéciale.

Mesnil-Saint-Georges. — à 4 k. de Montdidier ; 36 k. d'Amiens.

Sur l'emplacement de l'ancien château existe une vaste
construction, flanquée d'une tourelle rappelant la tour
du logis du Roi à Amiens. Ce château appartient aujour-
d'hui à M. Cauët notaire à Montdidier. Mesnil-Saint-

Georges est la patrie d'Antoine Petit (1538), médecin et mathématicien, dont l'épitaphe se trouve à l'église.

Onvillers. — a 10 k. de Montdidier ; 51 k. d'Amiens.

C'était le domaine de la famille de Mailly dont le tombeau se
trouve dans une crypte, sous le chœur de l'église. C'est là que

naquit Antoine Bachelé, célèbre docteur en théologie du temps d'Henri III.

Piennes (autrefois Mervillers). — à 6 k. de Montdidier ; 43 k. d'Amiens.

Piennes fut le domaine séculaire de la famille d'Halluin, dont l'un, Louis fut gouverneur de la Picardie et un autre, François, fut évêque d'Amiens.

Sa très belle église est de la fin du XVᵉ siècle. A l'extérieur, les bas-côtés sont pittoresques et ornés de restes de belles statues. A l'intérieur sont : des débris de beaux vitraux de 1545 ; une vierge, et des fonts baptismaux du XVIᵉ siècle. Le banc d'œuvre et les boiseries de la chaire sont du plus pur style renaissance. Le château fort est détruit depuis longtemps. — Château de M. Mauduit.

Remaugies. — à 8 k. de Montdidier ; 44 k. d'Amiens.

Jacques de Hangard qui fut maïeur d'Amiens, en était seigneur en 1639.

Rollot. — à 9 k. de Montdidier : 45 k. d'Amiens.

C'est la patrie du célèbre Galland (1646), orientaliste, traducteur des mille et une nuits. Son buste est érigé dans la rue principale. Le domaine fut au XIIᵉ siècle, possédé par la famille de Tournelles ; il passa ensuite dans la maison des Roye, des Montmorency et des Bourbon-Condé.

Rubescourt. — a 5 k. de Montdidier ; 40 k. d'Amiens.

En 1696, la seigneurie en appartenait à la maison d'Armentières. Pas de Saint-Martin : ancien monastère où séjourna Saint Martin en 374, dit la légende, lorsque servant dans la cavalerie romaine il se rendit du camp de Champlieu à Amiens. — Château de Pas à M. Courtier.

CANTON D'AILLY-SUR-NOYE

Ailly-sur-Noye. — à 21 k. de Montdidier; 17 k. d'Amiens.

Ailly possédait une vieille église fort curieuse. Elle a été démolie il y a une quinzaine d'années. Il n'en reste qu'un bas-relief et le tombeau remarquable de Jean Luxembourg qui ont été transportés dans la nouvelle. Le tombeau date de 1466.

Ainval-Septoutre. — à 9 k. d'Ailly; 13 k. de Montdidier; 26 k. d'Amiens.

La terre d'Ainval appartenait en 1567 à Nicolas de Forceville, seigneur d'Amiens.

Aubvillers. — à 12 k. d'Ailly; 12 k. de Montdidier; 29 k. d'Amiens.

En 1698, le marquis de Hautefort en possédait le domaine.

Berny-sur-Noye. — a 2 k. d'Ailly; 22 k. de Montdidier; 18 k. d'Amiens.

Antoine de Berny, seigneur de ce village, fut en 1619, élu maïeur d'Amiens.

Castel. — à 9 k. d'Ailly; 20 k. de Montdidier; 18 k. d'Amiens.

Une croix de pierre du XV⁰ siècle, décorée d'une madone et dont le pied a la forme d'un château crénelé, se trouve dans la rue qui monte de la rivière d'Avre à l'église. Dans celle-ci, un retable en pierre est du XVI⁰ siècle. La sacristie possède un trésor, où se trouve une chasuble en velours rouge avec broderies du XVI⁰ siècle en or mué. La famille de Créqui possédait le domaine au XIV⁰ siècle; en 1789, il dépendait du chapitre de la cathédrale d'Amiens.

Chaussoy-Épagny. — a 5 k d'Ailly; 22 k. de Montdidier; 19 k. d'Amiens.

En 1567, le seigneur de Chaussoy-Épagny comparut à la rédaction des coutumes d'Amiens. Au sommet d'une colline dominant la vallée de la Noye, se trouve une église isolée au milieu d'un cimetière; on y peut voir un retable en sculptures polychromes de 1546, parfaitement conservé. — Château de la famille de Morgan.

Chirmont. — à 5 k. d'Ailly; 17 k. de Montdidier; 23 k. d'Amiens.

En 1698, Chirmont appartenait à la famille de Mailly.

Coullemelle. — à 12 k. d'Ailly; 12 k. de Montdidier; 29 k. d'Amiens.

La famille de Mouchy en posséda la terre en 1698; elle passa ensuite à Louis Pingri en 1720. — Château de M. du Bos.

Esclainvillers. — à 8 k. d'Ailly; 15 k. de Montdidier; 26 k. d'Amiens.

Au XVIᵉ siècle, était possédé par la famille d'Esclainvillers.

Flers. — a 9 k. d'Ailly; 28 k. de Montdidier, 19 k. d'Amiens.

En 1529, Pierre Louvel, seigneur de Flers, était capitaine et maïeur d'Amiens. — Château de M. du Bos.

Folleville. — à 11 k. d'Ailly; 17 k. de Montdidier; 26 k. d'Amiens.

Vestiges du château construit en 1405, dont les ruines sont pittoresques. Église de la fin du XIVᵉ siècle, renfermant les tombeaux de Raoul de Lannoy et de Jeanne de Poix et ceux de François de Lannoy et de Marie de Hangest-Genlis; les fonts baptismaux, en marbre de Carrare, sont décorés des armes des Lannoy. La nef est en carène. C'est du haut de la chaire de cette église que Vincent de Paul, prononça le 25 janvier 1617, le sermon qui fondait l'œuvre de la mission pour le secours du *« pauvre peuple des champs »*. Il restait trois des anciennes stalles du chœur, elles furent achetées et emportées au milieu du XIXᵉ siècle par l'illustrateur Dèvéria. Le château de Folleville fut en 1440, assiégé par l'anglais Talbot et défendu par Bon de Saveuse. Raoul de Lannoy fut sous Charles VIII, ambassadeur de France et sous Louis XII (1507), lieutenant général et gouverneur du duché de Gênes.

Fransures. — a 12 k. d'Ailly; 30 k. de Montdidier; 23 k. d'Amiens.

Le seigneur de Fransures comparut en 1567, à la rédaction de la coutume d'Amiens. La terre de Fransures appartenait avant 1789, au chapitre de la cathédrale d'Amiens.

Grivesnes. — a 12 k. d'Ailly; 10 k. de Montdidier; 29 k. d'Amiens.

Fut le domaine de la famille de Goussencourt. L'aspect de son église est curieux. — Château de la famille Lenain.

Hallivillers. — a 10 k. d'Ailly; 25 k. de Montdidier; 24 k. d'Amiens.

Fut au XVII° siècle, possédé par l'abbaye de Breteuil.

Jumel. — à 1 k. d'Ailly; 22 k. de Montdidier; 16 k. d'Amiens.

En 1262, Pierre de Jumel en était le seigneur. Nicolas le Roy, seigneur de Jumel, fut élu maïeur d'Amiens en 1659.

La Faloise. — à 8 k. d'Ailly; 21 k. de Montdidier; 23 k. d'Amiens.

En 1358, dès le début de la Jacquerie, le château de la Faloise qui appartenait aux Sully, fut détruit. Maximilien de Béthune, duc de Sully (1559-1641), le fit restaurer et y habita; on y montre encore une chambre qui fut occupée par Henri IV. Le château de la Faloise fut habité à la fin du XIX° siècle, par M. de Mercey, géologue éminent, qui découvrit les gisements de phosphates de la région et en indiqua l'emploi pour l'agriculture.

La Warde-Mauger. — a 10 k. d'Ailly; 26 k. de Montdidier; 23 k. d'Amiens.

C'était, en 1567, le domaine de l'écuyer Firmin-le-Cat. Dans l'église se trouve un retable représentant la Passion. C'est une œuvre gothique où se remarque l'influence de la Renaissance. Les volets au lieu d'être peints sont ornés de bas-reliefs. (Mon. hist. classé en 1898).

L'Hortoy. — a 12 k. d'Ailly; 28 k. de Montdidier; 23 k. d'Amiens.

Le curé de l'Hortoy comparut en 1567, lors de la rédaction de la coutume d'Amiens.

Louvreohy. — à 4 k. d'Ailly; 17 k. de Montdidier; 21 k. d'Amiens.

C'était la propriété de la maison de Mailly au XVII° siècle.

Mailly-Raineval. — a 7 k. d'Ailly; 17 k. de Montdidier; 24 k. d'Amiens.

Cette terre fut érigée en marquisat, en 1744, au profit de l'illustre famille de Mailly. Le château est un des rares débris de l'âge féodal en Picardie. Charles VI y dîna le 29 mai 1386. Le mobilier en fut dispersé vers le milieu du XIX° siècle. Une grande partie des livres et manuscrits, en particulier plusieurs lettres écrites de la main d'Henri IV, vint enrichir la bibliothèque de M. Victor de Beauvillé à Montdidier et forme encore le fond de son riche cabinet.

Merville-au-Bois. — à 3 k. d'Ailly; 19 k. de Montdidier; 20 k. d'Amiens.

Ce fut le domaine de la maison d'Hailles.

Quiry-le-Sec. — â 11 k. d'Ailly; 15 k. de Montdidier; 27 k. d'Amiens.

Ce village est exactement situé sur le méridien de Paris. — Château de M. le comte des Renaudes.

Rogy. — à 14 k.; d'Ailly 32 k. de Montdidier; 24 k. d'Amiens.

Le seigneur de Rogy comparut en 1567, à la rédaction de la coutume d'Amiens.

Rouvrel. — à 4 k. d'Ailly; 22 k. de Montdidier; 19 k. d'Amiens.

C'était, en 1698, le domaine de la famille de Boufflers. A Rouvrel est né le savant abbé Louis de Buffé, auteur de nombreux ouvrages religieux (1789-1822).

Sauvillers-Mongival. — à 11 k. d'Ailly; 14 k. de Montdidier; 27 k. d'Amiens.

Était un domaine de la famille de Mailly.

Sourdon. — à 6 k. d'Ailly; 16 k. de Montdidier; 23 k. d'Amiens.

Le domaine en fut possédé en 1723, par un maïeur d'Amiens.

Thory. — à 8 k. d'Ailly; 14 k. de Montdidier; 25 k. d'Amiens

La famille de Mailly possédait cette terre qui, avec Louvrechies et Sauvillers, formait un domaine de plus de dix-huit cent hectares.

Villers-Tournelle. — è 16 k. d'Ailly; 9 k. de Montdidier; 33 k. d'Amiens.

La terre et la seigneurie de Villers-Tournelle dépendirent pendant des siècles du marquisat de Nesles. — Château de la famille de Fransures.

CANTON DE MOREUIL

Arvillers. — à 13 k. de Moreuil; 13 k. de Montdidier; 3o k. d'Amiens.

L'église dédiée à saint Martin, n'a rien de particulièrement remarquable. L'ancienne église a été brûlée par les Espagnols en 1653. Le clocher actuel date de 1683. — Fabrique de bonneterie.

Aubercourt. — à 8 k. de Moreuil; 2o k. de Montdidier; 21 k. d'Amiens.

L'église dédiée à saint Martin, est de dimensions restreintes; elle contient un Ecce homo d'une bonne facture; une statue de saint Quentin souffrant le martyre et une chaire digne de remarque.

Beaucourt-en-Santerre. — a 5 k. de Moreuil, 19 k. de Montdidier; 16 k. d'Amiens.

L'église fut construite en 182o et dédiée à saint Pierre; mais les cloches sont anciennes et portent la date du 7 juillet 1694. Non loin se trouve le château de Beaucourt, qui appartient à la famille de Riencourt.

Berteaucourt. — a 5 k. de Moreuil, 22 k. de Montdidier; 16 k. d'Amiens.

Château de M. Bailly de Surcy.

Braches. — à 6 k. de Moreuil, 12 k. de Montdidier; 26 k. d'Amiens.

La situation de ce village est fort pittoresque. Son église dédiée à saint Martin, a été construite vers 16oo. — Château de Filescamps à M. Ch. de Beaurepaire.

Cayeux-en-Santerre. — à 11 k. de Moreuil; 23 k de Montdidier; 26 k. d'Amiens.

L'église dédiée à saint Martin, est de la fin du XV° siècle; il y faut voir la porte du transept gauche donnant accès dans la chapelle des anciens seigneurs. Sur le tympan se trouve l'écusson de la famille de la Vernade. Cette église est remarquable au point de vue archéologique. — Château du marquis Doria.

Contoire-Hamel. — à 9 k de Moreuil; 10 k. de Montdidier, 3o k. d'Amiens.

Son église dédiée à saint Pierre, est du XV° siècle; les fonts baptismaux sont formés d'une cuve ancienne de l'époque où on baptisait par immersion.

Démuin. — à 7 k. de Moreuil; 22 k de Montdidier; 21 k. d'Amiens.

Fabrique de bonneterie et ruines d'un vieux château.

Domart-sur-la-Luce. — à 7 k. de Moreuil, 23 k. de Montdidier: 16 k d'Amiens.

L'église dédiée à saint Médard, paraît être du XIVᵉ siècle. Sur le mur extérieur du côté du cimetière, est une bande noire ou « *litre* », où sont peintes en rouge les armes de la famille de Baynâst; à la voûte du chœur, une clef porte les armes de la famille de Villers-Saint-Pol; dans la nef, à droite, sont deux anges pleureurs en marbre blanc. Sur une plaque de marbre noir se trouve une inscription en lettres d'or rappelant que : dans cette église a été inhumé le 1ᵉʳ juillet 1785, le prince Hilarion de Savoie-Carignan, né à Turin le 21 octobre 1753, et mort à Domart-sur-la-Luce le 30 juin 1785, et que son corps exhumé le 5 août 1889, par ordre du roi d'Italie, Humbert 1ᵉʳ, a été transporté et déposé dans les caveaux de la cathédrale de Turin. — Château de M. Canu-Codeville.

Fresnoy-en-Chaussée. — a 8 k. de Moreuil, 17 k. de Montdidier; 17 k. d'Amiens.

L'église est en forme de croix latine; la date de 1762 est inscrite sur une poutre de la nef; les fonts baptismaux sont en marbre blanc et décorés de fleurs de lys.

Hangard. — à 7 k. de Moreuil; 23 k. de Montdidier; 19 k. d'Amiens.

L'église est du XVIIᵉ siècle; le clocher plus ancien, est du XVIᵉ. Sous le clocher une dalle funéraire, avec une figure au trait, recouvrant le tombeau de Jeanne de Frucourt, porte la date de 1523. — Château de M. Bondoux d'Hautefeuille.

Hangest-en-Santerre. — a 10 k de Moreuil; 14 k. de Montdidier; 29 k. d'Amiens.

L'église est du XIIIᵉ siècle; le portail à plein cintre a été retouché au XIVᵉ siècle. Une grosse tour sert de clocher. L'église est en forme de croix latine; à chacun des bras du transept est une croisée du XIIIᵉ siècle. Les fonts baptismaux et la chaire sont de la Renaissance. Dans le chœur est un tableau de 1767, représentant le Rosaire. Les panneaux de la tribune de l'orgue sont Renaissance.

Ignaucourt. — à 10 k. de Moreuil; 23 k. de Montdidier; 29 k. d'Amiens.

L'église date du XVI⁰ siècle et a été restaurée au XVII⁰; elle fut incendiée en partie par les Espagnols lors du siège de Corbie (1636), et réparée en 1677. Dans la chapelle de la Vierge se trouve une copie ancienne de la Vierge à la chaise de Raphaël. Dans le cimetière, le socle d'une croix très ancienne paraît être fait d'une cuve baptismale des XIV⁰ ou XV⁰ siècles. Au sud du village, une chapelle en ruines du XVIII⁰ siècle est dédiée à N.-D. de Liesse; on y va en pélerinage le lundi de Pâques. — Château d'Happeglenne à M. Serpette; d'Ignaucourt, à M. Cailleux.

La Neuville-Sire-Bernard. — à 5 k. de Moreuil; 12 k. de Montdidier; 25 d'Amiens.

L'église dédiée à la Vierge, est du XVII⁰ siècle. Le clocher fut construit en 1789. Une croix ancienne en pierre, fort curieuse, se trouve dans le cimetière.

Mézières-en-Santerre. — a 6 k. de Moreuil; 18 k de Montdidier; 24 k. d'Amiens.

Pendant la guerre franco-allemande, le 23 novembre 1870, un combat d'avant-garde eut lieu à Mézières; il fut de courte durée, mais plusieurs soldats furent tués au cours de cet engagement. Dans le cimetière un monument a été élevé à leur mémoire.

Moreuil. — à 16 k. de Montdidier; 20 k. d'Amiens.

A Moreuil se trouvent les ruines d'une ancienne abbaye dont on voit encore le portail en ogive, orné d'une belle statue de la Vierge. L'église est une ancienne abbatiale du XIV⁰ siècle, mais remaniée à différentes époques. Le portail est formé de deux porches en ogive très ornementés. Sous le chœur se trouvent deux caveaux dont l'un était, avant 1789, réservé à la sépulture des membres de la famille de Créqui. Dans le cimetière se trouvent deux belles croix du XIV⁰ siècle, en pierre sculptée. L'ancien château est complètement ruiné; il n'en reste qu'un pavillon flanqué d'une tourelle octogone; il était défendu par quatre bastions aux murs épais en brique et pierre; sous le château sont de vastes souterrains. L'hôtel de ville a été inauguré le 21 mai 1911, par M. Klotz, ministre des finances, alors vice-président de la chambre. Le même jour M. Berteaux, ministre de la guerre, était tué par une hélice d'aéroplane au moment du départ de la course Paris-Madrid, sur le champ d'aviation d'Issy-les-Moulineaux, et

M. Monis, président du conseil, était grièvement blessé par le même appareil, monté par l'aviateur Train.

Le château moderne est celui qui fut légué au pape Léon XIII par la marquise de Plessis-Bellière, et donna lieu à un procès retentissant; appartient maintenant à M. de Liégeard.

Morisel. — à 1 k. de Moreuil ; 17 k. de Montdidier ; 21 k. d'Amiens.

L'église dédiée à saint Martin, fut en partie détruite par les Espagnols en 1635; le clocher est du XVIIᵉ siècle; c'est une forte tour quadrangulaire.

Pierrepont. — à 8 k. de Moreuil; 8 k. de Montdidier; 28 k d'Amiens.

L'église a été construite en 1859. — Papeterie et bonneterie. — A proximité de la gare d'Hargicourt-Pierrepont, château et haras de M. le comte de Bourbon-Chalus.

Plessier-Rozainvillers. — a 6 k. de Moreuil; 13 k de Montdidier; 27 k. d'Amiens

Le chœur de l'église est du XVIᵉ siècle : le beau retable en bois du maître-autel « *Jésus au jardin des oliviers* », est l'œuvre de Vimeux, sculpteur amiénois. Au-dessus du portail de l'église est une statue équestre de saint Martin.

Quesnel (le). — a 11 k de Moreuil ; 17 k de Montdidier ; 28 k. d'Amiens.

L'église est en brique et pierre; à l'intérieur se trouvent d'intéressantes statues de saints; le tableau du maître-autel représentant l'Assomption, fut donné par la reine Marie-Amélie; un autre bon tableau représente Jésus avec la couronne d'épines; dans le chœur est un lutrin en fer ajouré Louis XV.

Sous le village existent de vastes souterrains construits à l'époque des Normands. — Château du Quesnel à M. Blin de Bourdon.

Thennes. — à 5 k. de Moreuil; 21 k. de Montdidier; 16 k, d'Amiens.

L'église a été construite vers 1835; les lambris du sanctuaire proviennent de l'abbaye de Corbie ; la chaire est fort curieuse avec ses panneaux décoratifs.

Villers-aux-Érables. — à 5 k. de Moreuil ; 18 k. de Montdidier; 12 k. d'Amiens.

L'église est de la fin du XVIIIᵉ siècle; en 1815, les cosaques volèrent deux cloches dans le clocher; les 18 stalles en chêne sculpté, du chœur, proviennent de l'église Saint-Sulpice d'Amiens (1790), ainsi que le tableau du maître-autel; la chaire provient d'une église de Montdidier; plusieurs tableaux anciens proviennent du château de Villers. Dans le cimetière est le monument funéraire, en style byzantin de Madame Cadot d'Acy. — Château de M. le comte de Rougé.

Warsy. — a 17 k de Moreuil; 9 k. de Montdidier; 38 k. d'Amiens.

L'église est de construction récente. — Château de Madame de Villiers de Rune.

Wiencourt-l'Équipée. — à 14 k. de Moreuil; 27 k. de Montdidier; 25 k. d'Amiens.

Le chœur est la partie la plus ancienne de l'église qui date de la fin du XVe siècle. Elle fut brûlée en partie par les Espagnols en 1636; de curieuses sculptures se voient sur les corniches et les poutres, où courent des ceps de vigne. Les boiseries sont du XVIIIe siècle. Le tableau du maître-autel « *La Flagellation* », et deux autres tableaux du chœur sont d'une facture remarquable. Ces derniers représentent Jésus en croix et la mise au tombeau. La date 1664, est inscrite sur le pied d'un calice.

CANTON DE ROSIÈRES

Bayonvillers. — à 8 k. de Rosières ; 28 k. de Montdidier ; 45 k. d'Amiens.

Les moines de l'abbaye de Corbie possédèrent pendant des siècles la seigneurie de Bayonvillers.

Beaufort. — à 6 k. de Rosières ; 19 k. de Montdidier ; 3₂ k. d'Amiens.*

Beaufort tire son nom de la situation superbe de son château qui domine le Santerre. De doubles fossés entourent ce château qui eut un gouverneur anglais avant que Charles VI eut repris la Picardie (1452). Avant 1789, la terre de Beaufort appartenait au chapitre d'Amiens. L'église de Beaufort, du genre romano-ogival, est décorée avec luxe ; elle possède un reliquaire remarquable ; la cuve des fonts baptismaux à trois mètres de circonférence. — Château de Madame de Garsignies.

Bouchoir. — à 8 k. de Rosières ; 15 k. de Montdidier ; 3₂ k. d'Amiens.

D'abord possédé par les seigneurs de ce nom, Bouchoir passa ensuite dans les maisons de Beaufort et de Mailly. C'était un fief puissant de la maison de Nesles. La place de Bouchoir où se trouve l'entrée de vastes souterrains, porte encore le nom de Marteloir, c'est-à-dire lieu d'un grand massacre ; il se produisit en 1430, quand Pothon de Xaintrailles y tailla en pièces les Anglais et les Bourguignons. L'église, du XVIᵉ siècle, a une magnifique voûte en bois et ses boiseries sont intéressantes.

Caix. — à 4 k. de Rosières ; 22 k. de Montdidier ; 29 k. d'Amiens.

La rivière La Luce y prend sa source. Caix possède une magnifique église du XIVᵉ siècle, remaniée au XVᵉ et XVIᵉ siècle. (Large portail ; statues ; élégante balustrade à jours ; gargouilles ; superbe rosace ; portail latéral ; toit du XVIᵉ siècle ; nef remarquable ; voussure de porte avec cordon de vigne finement sculpté, bénitier d'un modèle rare). Les ogives de la voûte sont remarquables par leur fragilité (12 centimètres d'épaisseur). Près de l'église se trouve une croix plus vieille de deux siècles. A Caix se trouve un souterrain-refuge « *muche* » dont on n'a pas pu encore découvrir l'entrée. De nombreuses haches, épées, etc., en bronze, y furent découvertes en 1865.

Chilly. — a 6 k. de Rosières ; 24 k. de Montdidier ; 40 k. d'Amiens.

Entre Chilly et Fransart sont les vestiges d'une cité importante, qu'un savant antiquaire a appelé ville d'Engond ; elle aurait été détruite lors des guerres du XIV⁰ siècle. Une cuve baptismale curieuse se trouve dans la cour du presbytère où elle sert à des usages domestiques.

Folies. — à 7 k. de Rosières ; 17 k. de Montdidier ; 32 k. d'Amiens.

Avant 1789, le chapitre de la cathédrale d'Amiens y possédait de grands biens. En 1670, les habitants de Folies se livraient au brigandage ; on les saisit et la plupart d'entre eux furent pendus aux arbres qui sont au sud du village.

Fouquescourt. — a 7 k. de Rosières ; 21 k. de Montdidier ; 38 k. d'Amiens.

En 1654, le maréchal de Turenne y campa pendant 22 jours ; en levant le camp il mit le feu au village. La collégiale de Nesles y possédait de grands biens donnés par le châtelain avant 1789.

Fransart. — a 8 k. de Rosières, 22 k de Montdidier ; 40 k. d'Amiens.

Un vaste souterrain existe sous l'église dont la nef est remarquable ; la cuve baptismale, du XII⁰ siècle, est formée d'un monolithe. Cette commune avait au XIV⁰ siècle, ses seigneurs particuliers. — Château appartenant à Madame Dubos.

Guillaucourt. — à 7 k. de Rosières ; 25 k. de Montdidier ; 27 k. d'Amiens.

Le domaine de Guillaucourt était, en 1567, possédé par la famille de Foutaines. Au sud de Guillaucourt se trouve une ferme du nom d'Anguillaucourt ; c'est le seul reste d'un ancien village. Les abbés de Saint-Acheul et ceux du Paraclet y possédaient au XII⁰ siècle, 130 journaux de terres plantées en vignes. En 1793, les habitants ne voulurent pas livrer leurs cloches à la fonderie et pour les cacher les descendirent dans un puits dont l'orifice fut muré et dissimulé aux regards. La cachette était si bonne, que depuis on n'a pas pu retrouver le puits et encore moins les cloches.

Hallu. — à 8 k. de Rosières ; 25 k. de Montdidier ; 42 k. d'Amiens.

En 1114, Hallu appartenait au monastère de Lihons. Dans l'église se trouvent des fonts baptismaux romans.

Harbonnières. — à 5 k. de Rosières ; 26 k. de Montdidier ; 29 k. d'Amiens.

Dès 1109, Harbonnières était important ; une charte communale lui avait été octroyée en 1105, avec les privilèges de l'échevinage. En 1415, Jean de Guignes, seigneur d'Harbonnières, était gouverneur du Boulonnais. En 1567, Claude de Lorraine, duc d'Aumale, seigneur d'Harbonnières, comparut à la rédaction de la coutume de Péronne, Montdidier et Roye.

Harbonnières avait autrefois un château fort ; sur ses ruines se trouve aujourd'hui une usine ; les Anglais en 1440, s'emparèrent de ce château. Harbonnières fut en 1472, incendié par Charles le Téméraire et en 1595, le comte de Nevers y fit camper son armée.

On regarde l'église d'Harbonnières comme la plus belle du Santerre ; M. de la Mothe, évêque d'Amiens, l'appelait sa petite cathédrale. La silhouette en est haute, le chevet élégant ; le portail latéral est merveilleusement fouillé ; l'intérieur a de belles proportions. L'industrie de la bonneterie est très florissante dans ce village.

La Chavatte. — à 9 k. de Rosières ; 21 k. de Montdidier ; 40 k. d'Amiens.

En 1689, la seigneurie en appartenait à la famille Fay. — Château de M. Lécuru.

Maucourt. — à 5 k. de Rosières ; 23 k. de Montdidier ; 39 k. d'Amiens.

En 1698, le marquis de la Rochefoucauld était seigneur de Maucourt. Il y avait là autrefois une des premières églises romanes de la contrée ; elle a été en partie reconstruite au XVIIIᵉ siècle, mais ses gros piliers romans ont été conservés. Les fonts baptismaux sont curieux. Vers 1833, des fouilles ont mis à découvert de nombreux cercueils en pierre monolithiques.

Méharicourt. — à 3 k. de Rosières ; 23 k. de Montdidier ; 37 k. d'Amiens.

C'est dans cette commune que commença l'industrie de la fabrication des bas ; on prétend que le premier métier qui parut en France et que Colbert avait fait enlever furtivement en Angleterre, fut placé par ses ordres à Méharicourt et servit de modèle à tous ceux qui furent construits ensuite en Picardie.

Dans les siècles derniers, le domaine était la propriété de la famille de Fay de la Chavatte.

Parvillers. — a 9 k. de Rosières; 19 k. de Montdidier; 37 k. d'Amiens.

L'abbaye de Morienval en possédait le domaine. Parvillers eût il y a un siècle, un poste de télégraphie aérienne; en 1815, les cosaques détruisirent cette machine ingénieuse et en brûlèrent les instruments sur la place de Roye.

Punchy. — a 9 k. de Rosières, 28 k. de Montdidier; 47 k. d'Amiens.

La collégiale de Nesles y posséda des biens provenant de donations. Le domaine en appartint dans les derniers siècles à la famille d'Herly.

Le Quesnoy. — à 9 k. de Rosières; 16 k. de Montdidier; 35 k. d'Amiens.

Le domaine en appartenait en 1698, à un religieux de Sainte-Croix.

Rouvroy. — a 6 k. de Rosières; 19 k. de Montdidier; 34 k. d'Amiens.

Avant 1789, la terre de Rouvroy dépendait du chapitre de la cathédrale d'Amiens; appartient maintenant en grande partie à M. Joseph Goret.

Rosières. — à 23 k. de Montdidier; 34 k. d'Amiens.

C'est le bourg le plus important du Santerre par ses bonneteries et ses sucreries. Son origine remonte à 890; on mentionne en 1243, que le chevalier Hugues était seigneur de Rosières et qu'en 1465, G. Hovard, seigneur de Rosières, était bailli d'Amiens. Une partie du château a servi longtemps de caserne de gendarmerie. Rosières fut incendié plusieurs fois au XVIIIe siècle. L'église est moderne. — Châteauvieux, propriété de M. Lefèvre-Warconsin.

Vrely. — à 2 k. de Rosières; 21 k. de Montdidier; 34 k. d'Amiens.

D'après Dom Grenier, Vrely existait déjà en 986. La terre de Vrely appartint dans les derniers siècles aux seigneurs de Plainville. Des bandits nommés Lemaire y furent exécutés le 31 décembre 1857.

Warvillers. — à 4 k. de Rosières; 19 k. de Montdidier; 32 k. d'Amiens.

Avant 1789, la terre de Warvillers dépendait du chapitre de la cathédrale d'Amiens. On mentionne qu'au XVII° siècle, Antoine Louvet, seigneur de Warvillers, épousa Charlotte de Vendeuil. — Château de Warvillers à M. le comte de Louvel-Lupel.

CANTON DE ROYE

Armancourt. — a 12 k. de Montdidier ; 42 K. d'Amiens.

L'église date de 1744 ; elle est sans intérêt. Le village est traversé par la voie romaine de Rhodium à Beauvais ; de nombreux objets gallo-romains ont été découverts à Armancourt.

Beuvraignes. — à 16 k. de Montdidier ; 47 k. d'Amiens.

L'église est remarquable par son architecture extérieure. — Château des Loges, à Madame la marquise de Belleval.

Billancourt. — à 29 k. de Montdidier ; 51 k. d'Amiens.

Château de la famille de Becquincourt.

Breuil. — à 33 k. de Montdidier ; 56 k. d'Amiens.

Château de la famille de Witasse-Thésy.

Carrépuits. — a 21 k. de Montdidier ; 44 k. d'Amiens.

Fonderie de cloches.

Curchy. — à 29 k. de Montdidier ; 46 k. d'Amiens.

Dans l'église, bas-relief du XV⁰ siècle. — Château de M. Emeric Bondoux d'Hautefeuille.

Damery. — à 17 k. de Montdidier ; 38 k. d'Amiens.

Château de M. le comte de Fautereau.

Dancourt. — à 13 k. de Montdidier ; 44 k. d'Amiens.

Dans l'église, l'autel provient d'une donation faite au chapitre d'Amiens en 1203, par l'évêque Thibaut.

Dreslincourt. — à 31 k. de Montdidier; 47 k. d'Amiens.

L'église est du XIIᵉ siècle. Mont Attiche (144 mètres). Camp romain.

Ercheu. — à 31 k. de Montdidier; 53 k. d'Amiens.

L'église d'Ercheu est remarquable. Vastes souterrains. Ercheu se trouve traversé par le canal du nord. Fabrique de sucre de betteraves.

Fonchettes. — à 28 k. de Montdidier; 44 k. d'Amiens.

A la Fosse Bourie, source de l'Ingon.

Fresnoy-les-Roye. — à 20 k. de Montdidier; 39 k. d'Amiens.

Il y a à Fresnoy-les-Roye, une ancienne croix sculptée très remarquable qui est du XVIᵉ siècle.

Goyencourt. — a 18 k. de Montdidier; 40 k. d'Amiens.

Là est né le dessinateur Joseph Normand, le 3 février 1736, mort à Paris le 13 février 1840. Il fut chargé, sous l'Empire et la Restauration, de modifier les vignettes des cartes à jouer. -- Château de la vicomtesse de Contades.

Gruny. — à 23 k. de Montdidier; 44 k. d'Amiens.

Ancienne Abbaye de Templiers, du XIᵉ siècle, transformée en ferme.

Herly. — à 29 k. de Montdidier; 48 k. d'Amiens.

Château de la famille de Bouteville.

Laucourt. — a 15 k. de Montdidier; 44 k. d'Amiens.

Église du XVIᵉ siècle, vitraux remarquables.

L'Echelle-Saint-Aurin. — à 14 k. de Montdidier; 30 k. d'Amiens.

L'église dédiée à saint Pierre, est de style roman ; les fonts baptismaux sont de la Renaissance. Dans le chœur, deux chapiteaux de l'époque de transition sont décorés de feuilles de figuier. On y remarque quatre pierres tombales avec incrustations de marbre. — Château de Madame la duchesse de Marchena ; Saint-Aurin, château de M. A. Descamps.

Liancourt-Fosse. — à 25 k. de Montdidier; 43 k. d'Amiens.

Au milieu des bâtiments du château de diverses époques, flanqué de tourelles, est une tour où Gabrielle d'Estrées avait ses appartements, lorsqu'elle était la femme de Nicolas d'Amerval, seigneur du lieu. — Château du comte Leconidec.

Moyencourt. — à 32 k. de Montdidier; 53 k. d'Amiens.

Porte avec bas-reliefs. Restes d'un vieux château. Ruines d'un couvent de Cordeliers.

Roye. — è 19 k. de Montdidier; 42 k. d'Amiens.

L'église dédiée à saint Pierre, est du XVe siècle; le porche de style roman est du XIe; le chœur est du XVIe siècle. Le clocher est formé d'une tour carrée. Le maître-autel, le tabernacle et la croix sont du XVIIIe siècle ; les portes latérales du porche sont du XVe. Près de la porte se trouve la pierre tombale très usée dū dernier prieur Amable Deuxivoye, chanoine de l'abbaye de la Victoire, près de Senlis, décédé en 1772. Les vitraux, qui ont été restaurés, sont du XVe siècle.

Vestiges des anciens remparts sur lesquels se voyaient naguère la trace des boulets du prince de Condé, lors du siège. Sur la place se trouve une vieille maison du XVIe siècle. A voir : le jeu de paume.

L'église Saint-Gilles, en brique et pierre, est du XIIe siècle.

A Falvert, se trouvent les vestiges d'un camp romain.

Saint-Mard. — à 17 k. de Montdidier; 42 k. d'Amiens.

Là se trouvent les ruines de la cité des Setuci et les vestiges d'un camp romain. — Château de Madame Labruyère.

Tilloloy. — à 15 k. de Montdidier; 47 k. d'Amiens.

L'église, de l'époque de la Renaissance, est fort curieuse. A l'intérieur sont cinq pierres tombales du XVIe siècle, et une pierre tombale recouvrant le tombeau de Mademoiselle d'Hinnisdal, morte dans l'incendie du bazar de la charité, le 4 mai 1897. Mausolée des trois seigneurs de Soyécourt, statues et gisants tombeaux de la famille d'Hinnisdal. — Château de la famille d'Hinnisdal.

Écuries et communs fort curieux. Beau parc ouvert au public.

Verpillières. — à 20 k. de Montdidier; 47 k. d'Amiens.

Manoir du XVIe siècle, transformé en ferme.

Villers-les-Roye. — a 14 k. de Montdidier; 39 k. d'Amiens.

L'Église, de 1763, est en forme de croix latine; des statuettes anciennes ornent les voussures du portail. Elles passent pour être des divinités romaines. Dans la chãpelle de la Vierge, une pierre tombale recouvre le corps de Jean de Lan, seigneur de Villers, décédé le 31 août 1651. Sa figure est représentée au trait.

Les principaux renseignements sur les environs de Montdidier, sont dûs à l'obligeance de M. O. Périn, ancien Maire de Montdidier.

L'Oise autour de Montdidier

Abbécourt. — à 57 k. de Montdidier ; 13 k. de Beauvais.

La vieille église a subi de nombreuses restaurations ; le prieuré a été converti en ferme.

Avricourt. — à 25 k. de Montdidier ; 40 k. de Compiègne.

Son château date du XVIᵉ siècle.

Bacouel. — à 14 k. de Montdidier ; 10 k. d'Amiens.

Son château est moderne.

Beaulieu-les-Fontaines. — à 27 k. de Montdidier ; 38 k. de Compiègne.

Là sont les ruines du château où Jeanne d'Arc, prise à Compiègne, fut conduite prisonnière ; statue de Jeanne d'Arc sur la route ; ruines d'un couvent de Templiers.

Belloy. — à 15 k. de Montdidier ; 22 k. de Compiègne.

Une excavation que l'on dit celtique, porte le nom de *Fosse du Sabbat*.

Biermont. — à 14 k. de Montdidier, 26 k. de Compiègne.

Vieille église du XVIᵉ siècle.

Bonvillers. — à 18 k. de Montdidier ; 32 k. de Clermont.

L'église a été souvent remaniée ; le chœur date du XVIᵉ siècle.

Boulogne-la-Grasse. — à 11 k. de Montdidier ; 31 k. de Compiègne.

Le chœur de la vieille église est du XIIIᵉ siècle ; on y remarque une vierge en bois, du XIIIᵉ siècle. Vestiges d'un ancien fort mérovingien et fossés d'un ancien château fort. Reconstitution d'un château style moyen-âge par M. le comte de Boulogne. — Château de Bains à M. Mauler.

Breteuil. — à 20 k. de Montdidier ; 40 k. de Clermont ; 30 k. de Beauvais.

Breteuil est situé proche de l'emplacement de Bratuspantium, dont parle César dans ses commentaires. L'église est du XIIᵉ siècle, ainsi que les fonts baptismaux ; une porte et une fenêtre sont de

1249; le portail et le clocher sont de 1500. A voir : les ruines de l'abbaye Sainte-Marie où, dans une chapelle du XIII° siècle, se trouvent encore les pavés curieux du temps ; la chapelle romane de Saint-Cyr (1100), et les souterrains.

Broyes. — a 8 k. de Montdidier ; 35 k. de Clermont.

Les lambris de l'église sont du XVI° siècle.

Brunvillers-la-Mothe. — a 15 k. de Montdidier ; 22 k. de Clermont.

L'église, du XVI° siècle, est dans le style gothique.

Bussy. — à 35 k. de Montdidier ; 35 k. de Compiègne.

L'église de Bussy est du XVI° siècle.

Chepoix. — a 16 k. de Montdidier ; 30 k. de Clermont.

L'église est des XIV° et XV° siècle ; à voir les ruines d'un château détruit en 1431.

Coivrel. — a 13 k. de Montdidier ; 17 k. de Clermont.

L'église, du XVI° siècle, a été souvent restaurée.

Conchy-les-Pots. — a 14 k. de Montdidier ; 28 k. de Compiègne

L'église a été souvent remaniée. Voir dans l'église Saint-Nicaise les vitraux du XVI° siècle. Ruines d'un château fort.

Courcelles-Épayelles. — à 14 k. de Montdidier ; 32 k. de Clermont.

L'église est du XVI° siècle.

Cuvilly. — a 14 k. de Montdidier ; 24 k. de Compiègne.

L'église est du XVI° siècle. Le château moderne est celui de Séchelle.

Dives. — à 27 k. de Montdidier, 27 k. de Compiègne.

L'église est du XVI° siècle ; ruines d'un ancien château.

Domfront. — à 8 k. de Montdidier ; 32 k. de Clermont.

Le chœur de l'église est de 1560, le clocher est de style roman.

Dompierre. — à 9 k. de Montdidier ; 30 k. de Clermont.

Il existe à Dompierre des souterrains ou refuges dits « *muches* » en picard ; à voir à l'église, une porte dont la rosace et les sculptures sont du XII° siècle.

Ferrières. — a 10 k. de Montdidier ; 4 k. de Maignelay ; 29 k. de Clermont.

Fabrique d'instruments agricoles ; à voir : les restes d'un ancien château et une croix en pierre.

Fréniches. — a 35 k. de Montdidier ; 42 k. de Compiègne ; 5 k. de Guiscard.

Des restes de vitraux du XVI° siècle, se voient dans l'église.

Fresnières. — a 23 k. de Montdidier ; 33 k. de Compiègne ; 6 k. de Lassigny.

L'église de Fresnières date du XVIII° siècle.

Frétoy-le-Château. — à 33 k. de Montdidier ; 40 k. de Compiègne ; 6 k. de Guiscard.

Une partie de l'église est du XVI° siècle.

Le Frétoy. — à 7 k. de Montdidier ; 33 k. de Clermont ; 8 k. de Maignelay.

Visiter les ruines du fort du Tronquoy, détruit par Louis XI dans sa marche sur Montdidier ; l'église du Tronquoy est en partie du XI° siècle, mais elle a été restaurée au XVI°. A Vaux-sous-Montdidier, se trouve une église du XVI° siècle.

Gannes. — à 18 k. de Montdidier ; 26 k. de Clermont ; 8 k. de Saint-Just.

L'église, dont le portail est à voir, date du XVI° siècle. La chapelle N.-D. de Bon-Secours est un lieu de pélérinage qui se fait le 2 juillet.

Godenvillers. — à 9 k. de Montdidier ; 30 k. de Clermont ; 6 k. de Maignelay.

Les lambris du chœur de l'église sont du XVI° siècle.

Guiscard. — à 44 k. de Montdidier ; 32 k. de Compiègne.

Guiscard est traversé par une voie romaine ; le chœur de l'église est du XVI° siècle.

La Hérelle. — à 15 k. de Montdidier ; 29 k. de Clermont ; 10 k. de Breteuil.

On a découvert à la Hérelle, des sépultures antiques. L'église, restaurée au XIX° siècle, est du XVI° ; des souterrains ou « *muches* », existent sous les ruines d'un ancien château fort.

La Berlière. — à 21 k. de Montdidier ; 25 k. de Compiègne ; 7 k. de Lassigny.

L'église a été plusieurs fois restaurée.

8

Lagny. — à 29 k. de Montdidier ; 33 k de Compiègne; 6 k. de Lassigny.

Lagny est traversé par une voie romaine. On peut y voir deux tombelles, dont l'une, nommée le Catelet, a quinze mètres de hauteur. L'église est curieuse avec sa tour centrale décorée de corniches sculptées de grotesques.

La Neuville-sur-Ressons. — à 20 k. de Montdidier; 20 k. de Compiègne.

L'église a été construite en 1748, mais le portail est du XVIᵉ siècle.

Lassigny. — a 23 k. de Montdidier; 24 k. de Compiègne.

La Tour Roland est une levée de terre entourée de fossés. L'église, en partie du XVIᵉ siècle, a des vitraux datant de 1541 et 1542.

Lataule. — a 17 k. de Montdidier; 25 k. de Compiègne: 7 k. de Ressons.

Les parties basses du château sont du XVIᵉ siècle; le château lui-même est du XVIIᵉ.

Le Ployron. — à 8 k. de Montdidier ; 32 k. de Clermont; 7 k. de Maignelay.

L'église est du XVᵉ siècle; elle a été restaurée au XVIIᵉ; on y voit des carreaux en terre cuite polychrome, portant des inscriptions de la fin du XVᵉ siècle.

Libermont. — à 32 k. de Montdidier ; 45 k de Compiègne; 8 k. de Guiscard.

Ruines d'un couvent de Templiers du XIIIᵉ siècle.

Maignelay. — à 13 k de Montdidier; 25 k. de Clermont.

L'église, classée comme monument historique, est très curieuse. Elle a été terminée en 1516 par Vast, architecte de la cathédrale de Beauvais. Le porche, en avancée, est décoré de sculptures; de chaque côté se trouvent des tourelles terminées par un dôme; la voûte de la nef est chargée de sculptures où courent des cosses de pois, en souvenir de Jeanne de Poix; un grand retable. en bois polychromé, du XVIᵉ siècle, est au-dessus de l'autel du bas-côté droit; une réplique de ce retable se trouve à l'église Saint-Germain-l'Auxerrois à Paris. Les fonts baptismaux, ainsi qu'un reliquaire et plusieurs statues, sont du XVIIIᵉ siècle. Il ne reste plus qu'une grosse tour et quelques bâtiments ornés de pilastres corinthiens, d'un château du XVI⁰ siècle. Au bout du village se trouve la chapelle de la Madeleine, de style renaissance ; devant l'entrée est un arbre de Sully. Sur la grande place une belle fontaine, don de la princesse Borghèse, supporte une vierge.

Méry. — à 14 k. de Montdidier ; 28 k. de Clermont ; 9 k. de Maignelay.

On y a découvert de nombreux spécimens de l'âge de pierre, tels que des haches en silex ; et des sépultures du Moyen-âge. L'église, du XVI⁰ siècle, a été restaurée au XVIII⁰. Des souterrains ou « *muches* » existent sous le village et aux alentours. Au lieu dit « La Tour » se voient les fossés d'un ancien château.

Montiers. — a 18 k. de Montdidier, 23 k. de Clermont ; 10 k. de Saint-Just.

Le château est moderne.

Montigny. — à 14 k. de Montdidier ; 20 k. de Clermont ; 1 k. de Maignelay.

L'église est du XV⁰ siècle, elle a été restaurée au XVI⁰ et récemment. Le clocher, remarquable par son architecture, est terminé par une calotte octogone. Il domine au loin la plaine. A l'entrée de Montigny est un calvaire en pierre, aux ornements Renaissance. Tout près est le fort Philippe ; on voit encore les levées de terre et les circonvallations d'un château construit par Philippe le Bel.

Montgerain. — à 13 k. de Montdidier ; 26 k. de Clermont ; 5 k. de Maignelay.

L'église est du XVI⁰ siècle. Sur la place du village, une croix est supportée par un fût de colonne du XV⁰ siècle.

Mortemer. — a 11 k. de Montdidier ; 25 k de Compiègne ; 8 k. de Ressons.

Sous le village sont de vastes souterrains.

Muirancourt. — à 38 k de Montdidier, 29 k, de Compiègne ; 6 k. de Guiscard.

Les fonts baptismaux qui se trouvent dans l'église sont du XI⁰ siècle.

Plainval. — à 17 k. de Montdidier ; 18 k. de Clermont ; 12 k de Breteuil.

Le château de Plainval est du XVI⁰ siècle.

Quinquempoix. — à 17 k. de Montdidier ; 22 k. de Clermont ; 6 k. de Saint-Just.

Le portail de l'église du XVI⁰ siècle, est chargé de très belles sculptures.

Ravenel. — à 17 k. de Montdidier; 17 k. de Clermont; 5 k. de Saint-Just.

L'église a été remaniée au XVIII⁰ siècle; mais le beau clocher, haut de 45 mètres, est du XVI⁰ siècle. Il est à trois étages, et les chiffres d'Henri II et de Diane de Poitiers y sont sculptés. Les fonts baptismaux sont ornés de belles sculptures.

Ressons-sur-Matz. — à 18 k. de Montdidier, 18 k de Compiègne

L'église est du XII⁰ siècle. Elle a été remaniée au XV⁰; il y reste des vitraux du XVI⁰ siècle. Il y a sous le village, de vastes souterrains. De l'ancien château de Ressons, il n'y a plus que des ruines recouvertes de terre.

Ricquebourg. — à 21 k. de Montdidier ; 20 k. de Compiegne; 3 k. de Ressons.

De l'ancienne église du XII⁰ siècle, il ne reste presque plus rien; elle a été entièrement restaurée au XVI⁰. Le château, dans un parc magnifique, est du XVIII⁰ siècle.

Rouvroy-les-Merles. — a 18 k de Montdidier; 41 k. de Clermont ; 5 k. de Breteuil.

De nombreuses découvertes d'antiquités celtiques ou gallo-romaines ont été faites sur le mont Castillon. Aux Merles, se trouve une chapelle gothique.

Royaucourt. — à 6 k. de Montdidier ; 32 k. de Clermont ; 7 k. de Maignelay.

L'église est du XVI⁰ siècle; le moulin de Royaucourt est de la même époque.

Roye-sur-Matz. — à 19 k. de Montdidier; 24 k. de Compiègne; 5 k, de Lassigny.

On y montre une grosse pierre que l'on prétend celtique. L'église est du XII⁰ siècle; le clocher a été construit au XVIII⁰.

Saint-Just. — à 19 k. de Montdidier; 16 k. de Clermont.

Église de construction moderne; les fonts baptismaux sont du XI⁰ ou du XII⁰ siècle; dans le village est une maison du XVI⁰ siècle. De la trouée de Nourard, on aperçoit la forêt de Compiègne, les tours du château de Coucy, et par temps très clair, les tours de la cathédrale de Laon.

St-Martin-aux-Bois. — à 16 k. de Montdidier ; 22 k. de Clermont ; 6 k. de Maignelay.

L'église, classée monument historique, est du XIII⁰ siècle. Les tours carrées, de chaque côté du portail, sont du XV⁰;

la sacristie est du XVI°; les vitraux, du XIII°, sont particulièrement remarquables. La statue équestre de saint Martin est en
marbre ; les stalles sculptées sont du XV° siècle. D'une ancienne
abbaye de génovéfains du XII° siècle, il ne reste qu'une porte à
machicoulis. A l'arbre Saint-Antoine, on a découvert des sépultures gallo-romaines.

Tartigny. — à 15 k de Montdidier ; 32 k. de Clermont ; 5 k. de Breteuil.

L'église, du XVI° siècle, a été remaniée au XIX°. On a découvert à Tartigny des sarcophages.

Tricot. — a 10 k. de Montdididier ; 28 k de Clermont ; 6 k. de Maignelay.

L'église a été remaniée, mais le chœur et la nef sont du XVI°
siècle. On voit à Tricot, une levée de terre de l'époque féodale,
et on y a découvert des sépultures gallo-romaines.

Vendeuil. — à 22 k. de Montdidier ; 30 k. de Clermont ; 1 k. de Breteuil.

Vendeuil est situé sur l'emplacement de l'antique Bratuspantium.
Le sous-sol renferme des richesses archéologiques innombra-
bles, et constitue un véritable trésor pour les chercheurs. L'église
est du XVI° siècle.

Welles-Pérennes. — à 8 k, de Montdidier ; 42 k de Clermont ; 9 k. de Maignelay.

Église souvent remaniée. Dans le cimetière est une croix du
XVI° siècle. Patrie de Langlès (Louis-Mathieu), 1763-1824 ; orientaliste, membre de l'Institut.

MONTDIDIER est à courte distance de plusieurs grandes villes; les routes qui y mènent sont généralement bonnes et souvent très pittoresques.

L'Association Générale Automobile (l'A. G. A.[1], dont le but est de faire connaître la France et ses jolis sites, veut aussi indiquer les meilleurs moyens de s'y rendre et a consenti à nous communiquer une série d'itinéraires très détaillés et fort bien compris.

Guidé par eux, pas d'hésitation entre deux chemins; les virages, les côtes, les moindres accidents de terrains, tout est marqué; la route est tracée, il n'y a plus qu'à la suivre.

Les signaux sont faciles à lire; ils sont d'ailleurs reproduits sur la majorité des plaques indicatrices posées par les soins des sociétés sportives.

A ces itinéraires, nous joignons quelques jolies excursions à faire autour de Montdidier.

Les descriptions que vous venez de lire vous donneront certainement la tentation de voir ces charmants pays; il y a beaucoup à voir, beaucoup à apprendre, et sûrement vous ne regretterez pas le temps passé à visiter ce coin de Picardie.

(1) l'A. G. A., 8, Place de la Concorde, Paris. Délegué : M. Grou.

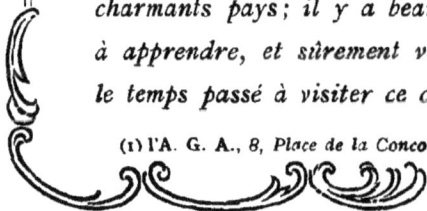

CLERMONT à ALBERT par MONTDIDIER

Ondulations.

Descente après la borne 403.

ARGENLIEU 9

Attention au caniveau à l'entrée.

AIRION 5

GRAND-FITZ-JAMES 1.

CLERMONT. Sortir par la rue d'Amiens en descente; au bas de la côte, tourner à droite, puis à gauche, en face l'épicerie Lesueur.

À lire de bas en haut.

CLERMONT à ALBERT par MONTDIDIER

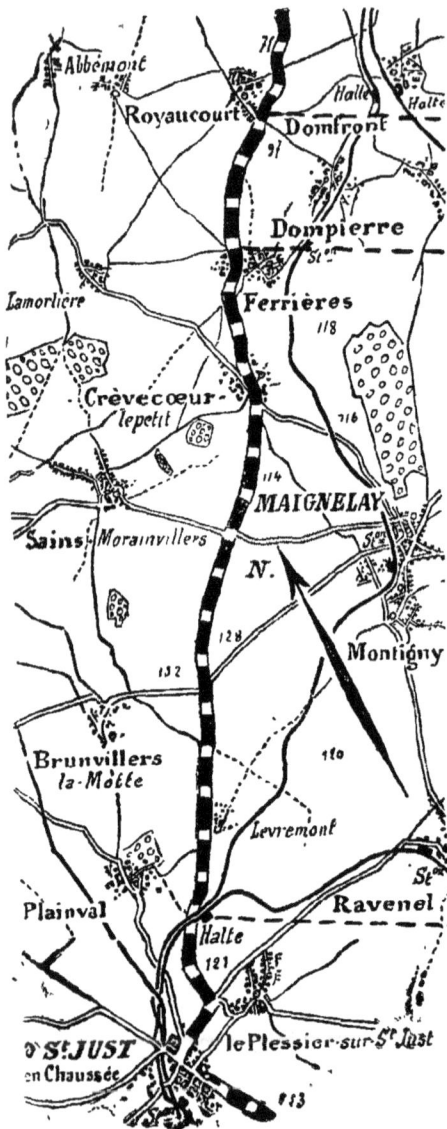

ROYAUCOURT .. 29

FERRIÈRES 27
A la sortie, au croisement, prendre à droite. Caniveau.

CRÈVECŒUR 25
A l'église, tourner à droite.

Avant Crèvecœur, tourner à gauche et montée rapide avec caniveau en haut.

Après tournant à droite et montée.

SAINT-JUST 15
Rue de Paris, tourner à droite rue de Montdidier.

À lire de bas en haut.

CLERMONT à ALBERT par MONTDIDIER

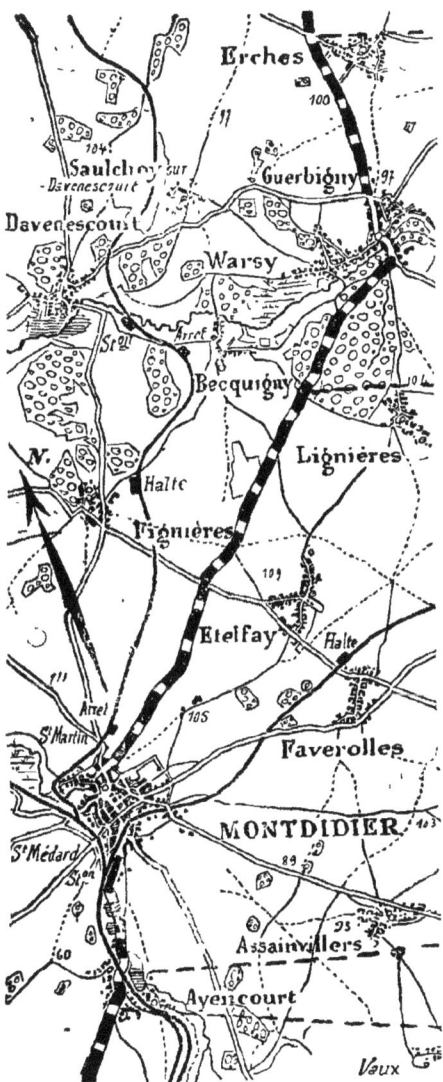

A lire de bas en haut

CLERMONT à ALBERT par MONTDIDIER

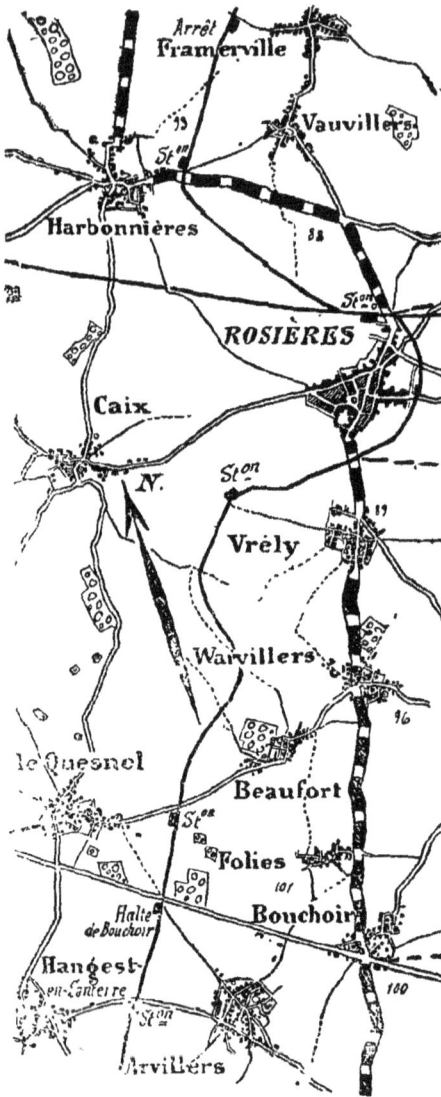

**HARBONNIÈRES
64.5**

Tourner à droite sur la place. Caniveau.

ROSIÈRES.. ... 58

Tout droit.

VRÉLY.......... 56

Tout droit.

WARVILLERS.. 54

FOLIES 51.2

BOUCHOIR....... 50

Suivre tout droit. Après le croisement, prendre la première route à gauche.

À lire de bas en haut.

CLERMONT à ALBERT par MONTDIDIER

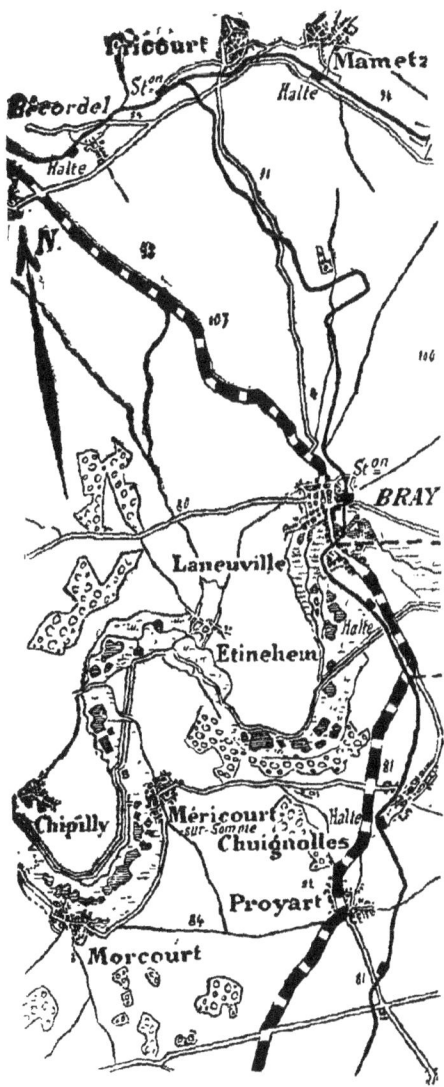

A lire de bas en haut.

BRAY 77

Rue du Castel, rue d'Ancre; a la sortie, suivre à gauche.

La route traverse le canal.

PROYART. 69.5

Tourner à gauche sur la place et suivre tout droit.

CLERMONT à ALBERT par MONTDIDIER

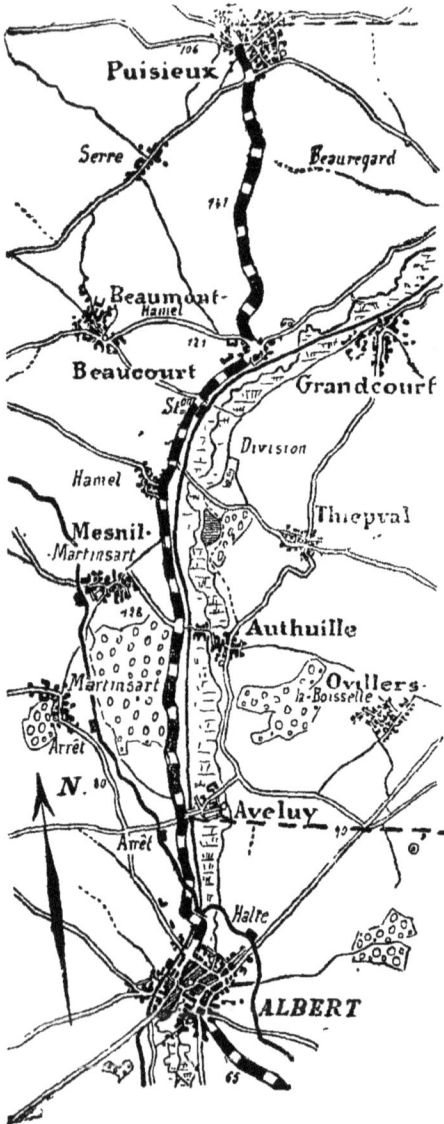

PUISIEUX...... 100
Montées sinueuse dans le village.

BEAUCOURT.... 95
Tourner à gauche en suivant les fils télégraphiques et prendre ensuite le premier chemin à droite; nombreuses sinuosités.

Gare de BEAUMONT.

Deux caniveaux.

HAMEL.......... 93
Tournant, suivre les fils télégraphiques.

AVELUY... .. 88.5
Tout droit.

ALBERT......... 86
Rue Gambetta. rue Carnot, rue Félix-Faure, rue d'Aveluy.

A lire de bas en haut.

MONTDIDIER à SAINT-QUENTIN

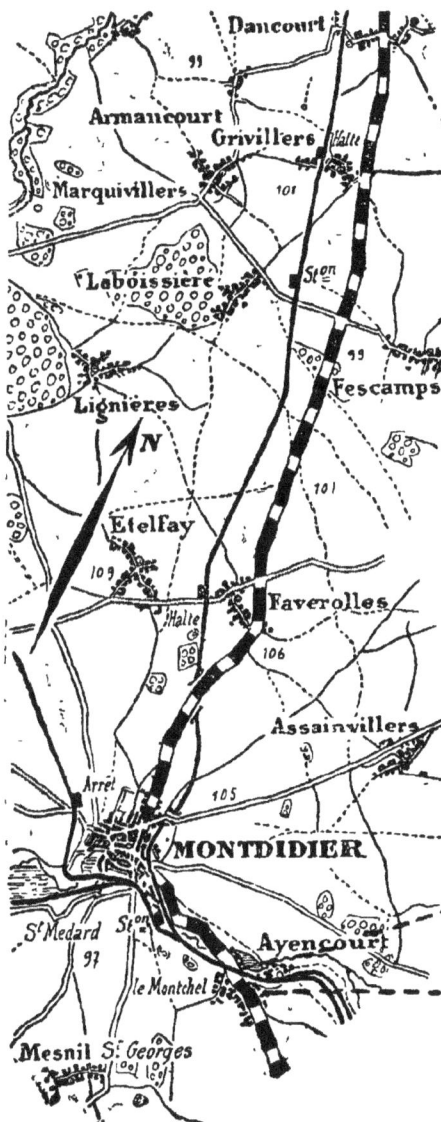

DANCOURT.... 47.3

GRIVILLERS... 45.5

Croisement de route assez dangereux.

FAVEROLLES... 39

MONTDIDIER.... 35
Entrée par la rue de Paris, sortir par le rond-point du boulevard de Compiègne, route de Roy.

Montée rapide, tourner a droite.

Tourner à droite et traverser le passage à niveau.

A lire de bas en haut.

MONTDIDIER à SAINT-QUENTIN

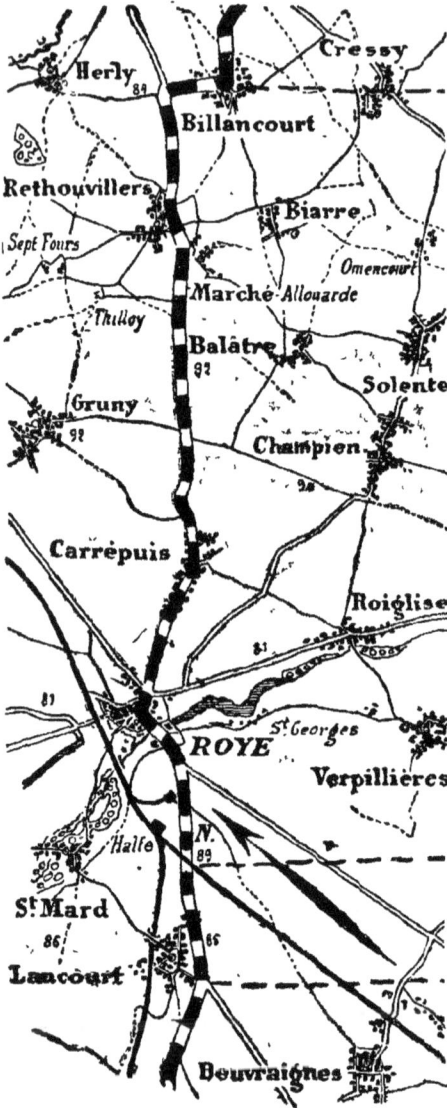

BILLANCOURT. 63.5
Prendre la première
rue à gauche.

**RETHOUVILLERS
60.5**
A 2 kilomètres du
village, quitter la
route et prendre à
droite.

CARRÉPUIS ... 55.5
Deux canivaux dans
le pays.

ROYE........... 53

A partir du pas-
sage à niveau
très mauvais
pave, de même dans
Roye.

LAUCOURT...... 49

A lire de bas en haut.

MONTDIDIER à SAINT-QUENTIN

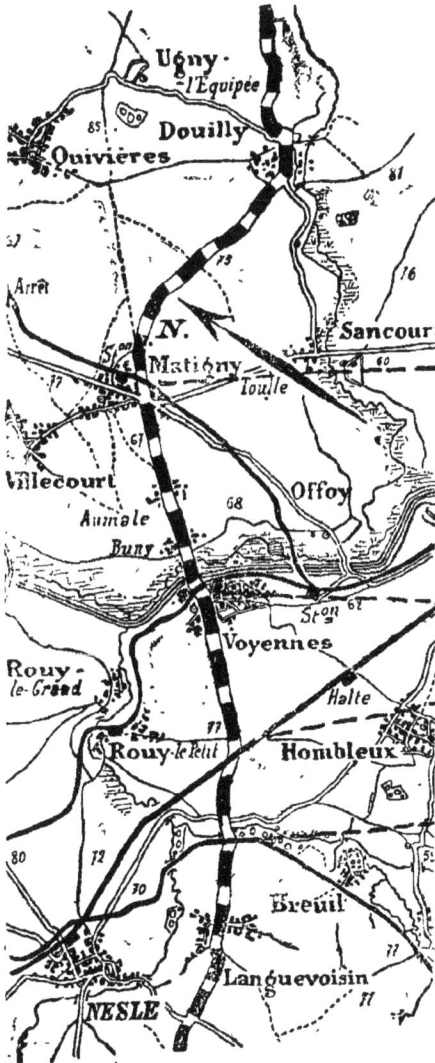

DOUILLY........ 79

A la sortie, tourner à gauche, puis à droite.

MATIGNY........ 74

Après le passage à niveau, à la sortie, prendre la route de droite.

VOYENNES...... 71

LANGUEVOISIN. 66

A lire de bas en haut.

MONTDIDIER à SAINT-QUENTIN

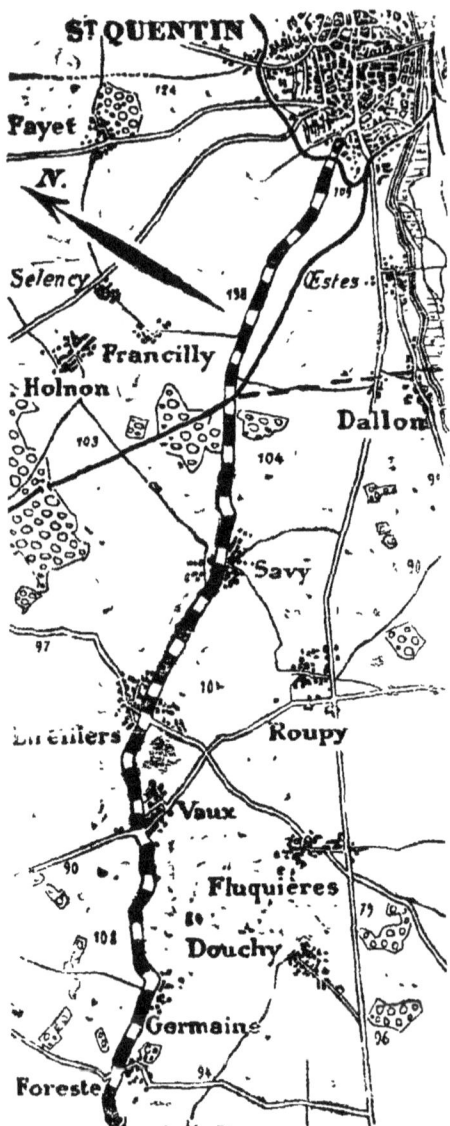

St QUENTIN

Fayet

N.

Selency

Francilly

Holnon

Estes

Dallon

Savy

Roupy

Vaux

Fluquières

Douchy

Germaine

Foreste

A lire de bas en haut

SAINT-QUENTIN
97

SAVY............ 90

ÉTREILLERS.. 87.5

VAUX...... 86

GERMAINE.... 83.5
A la sortie, prend ::
à gauche.

FORESTE ..... ??

COMPIÈGNE à AMIENS par MONTDIDIER

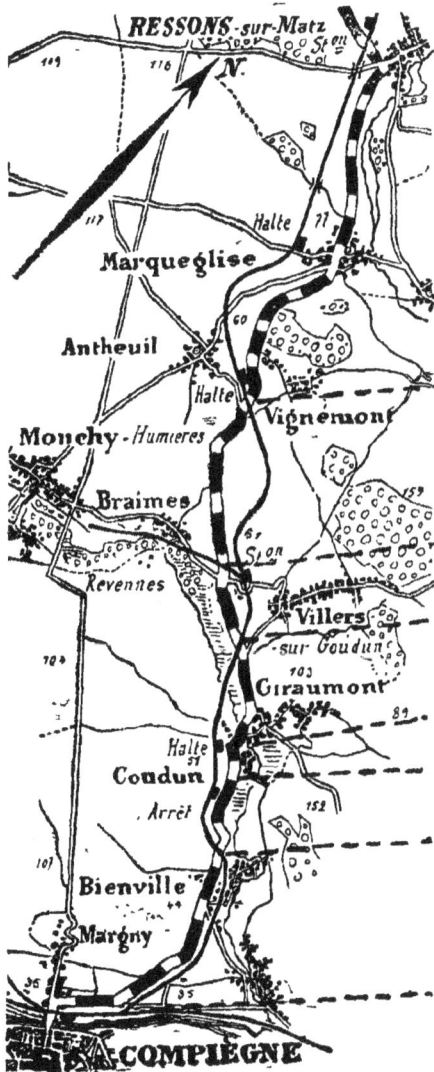

RESSONS-SUR-MATZ
16.5
Tourner deux fois à gauche, une fois à droite. A 300 mètres, passage à niveau.

MARQUEGLISE. 13.8
Tournant à gauche dangereux.

Mauvais passage à niveau avec virage à gauche.

Passage à niveau avec dangereux virage à gauche.

COUDUN... 6
Caniveau, rails sur route, mauvais pavé et tournant à droite.

BIENVILLE
3.5

COMPIÈGNE. Descendre rue Solférino, pont sur l'Oise, passage à niveau. Ne pas prendre la 1re route à droite qui est pavée. Prendre la 2e route dans Margny. Au bout de cette route virage à gauche à angle droit pour prendre la route de Bienville.

À lire de bas en haut.

COMPIÈGNE à AMIENS par MONTDIDIER

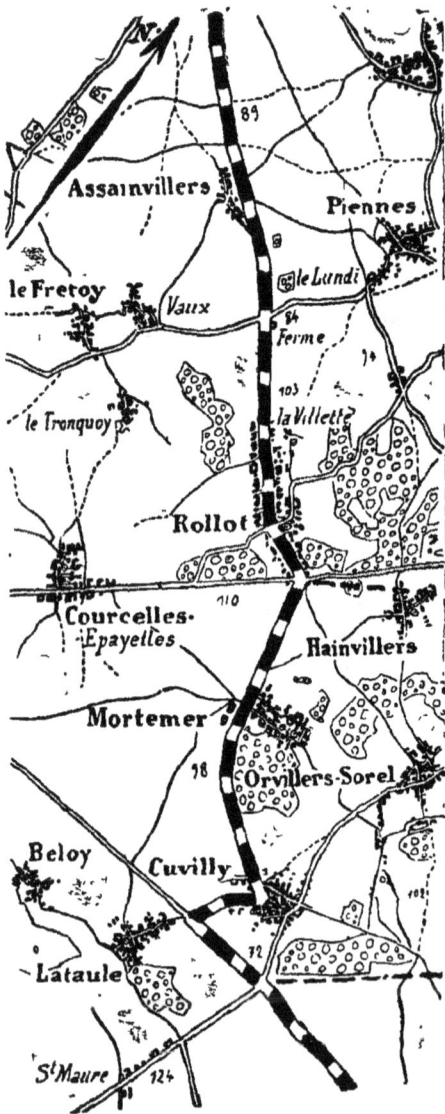

Mauvais passage devant la distillerie.

ROLLOT......... 28
Traverser le village; quelques tournants.

CUVILLY......... 22
Virage à gauche pour reprendre la route nationale.

Au calvaire, prendre à droite la route de Cuvilly.

A lire de bas en haut.

COMPIÈGNE à AMIENS par MONTDIDIER

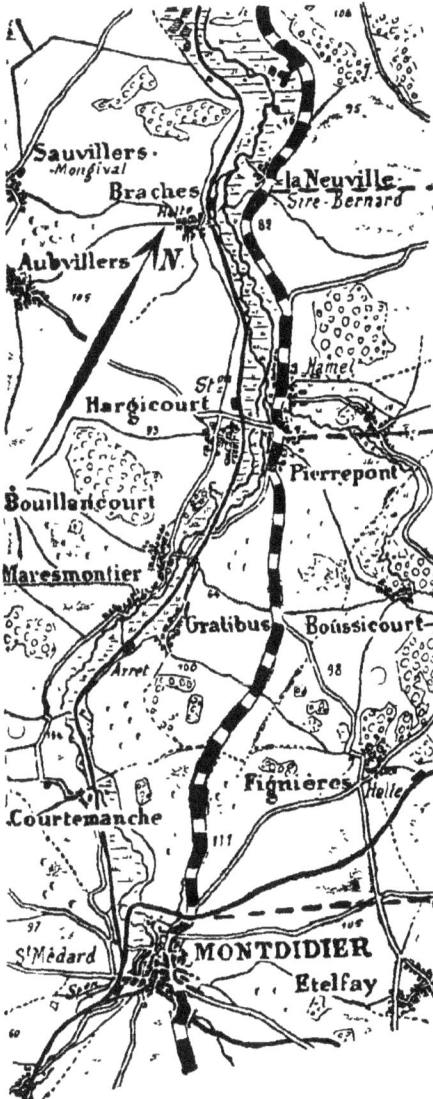

Jusqu'à Moreuil très longue montée.

LA NEUVILLE-SIRE-BERNARD...... 48.5

Route sinueuse.

PIERREPONT.... 45
Traverser le village; au bout, montée.

Route accidentée, mais bonne jusqu'à Pierrepont.

Après la gendarmerie, descente rapide; au bas, passage à niveau et tournant à gauche.

MONTDIDIER.... 36
Traverser les ponts du chemin de fer, mauvais pavé. Arrivée place de la République. Sortir par la rue d'Amiens.

A lire de bas en haut.

COMPIÈGNE à AMIENS par MONTDIDIER

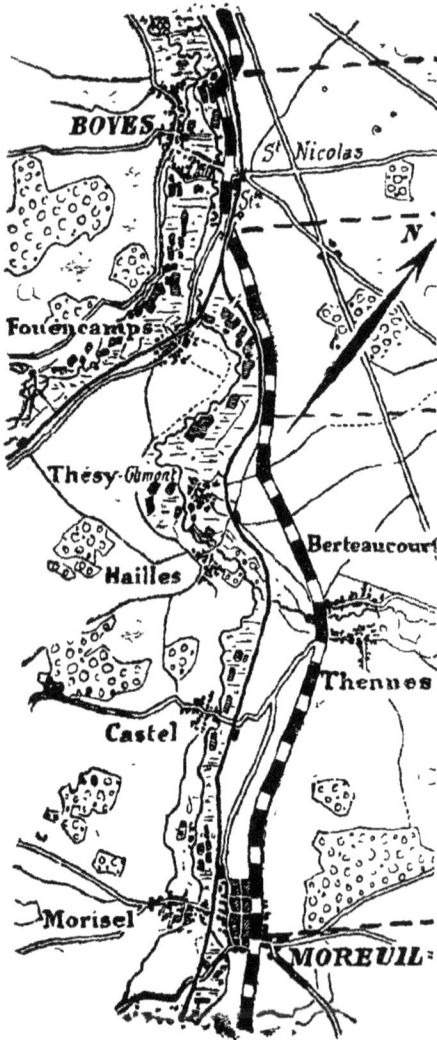

BOVES........... 64
Virage à droite à 1 ki-
lomètre et passage en
dessous.

Virage à gau-
che et passage
sous le chemin
de fer.

THENNES........ 57
Route accidentée. —

MOREUIL........ 53
Tout droit.
Descente rapide.

A lire de bas en haut.

COMPIÈGNE à AMIENS par MONTDIDIER

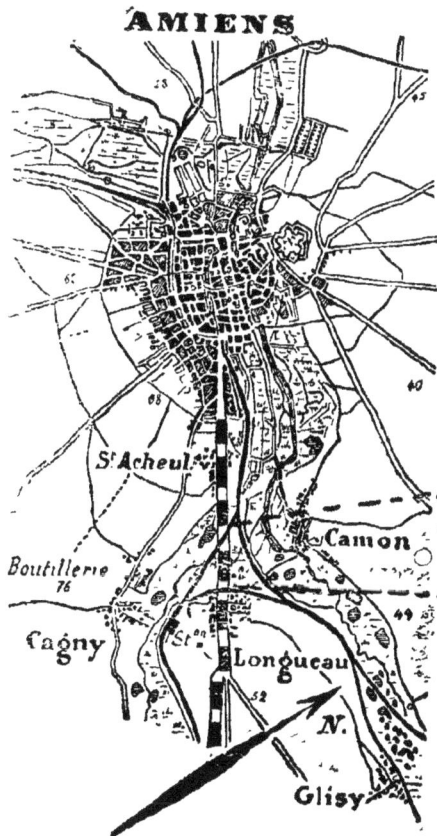

AMIENS........ 74

Arrivée par la chaus-
sée du Périgord, rue
Jules-Barni (laisser
la gare à droite),
prendre les boule-
vards à gauche.

Attention aux rails
du train et aux croi-
sements de rues.
A l'entrée d'Amiens,
devant la gare, octroi

Ces deux pas-
sages à niveau
peuvent être
évités en prenant les
passages souterrains
qui sont à gau-
che.

LONGUEAU.... 68.5
Bon pavé à l'entrée.

A lire de bas en haut.

MONTDIDIER à BEAUVAIS

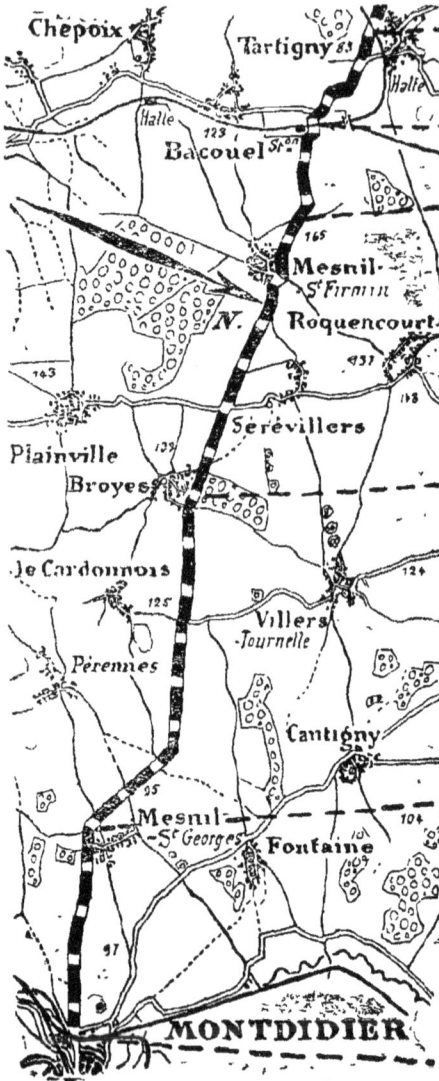

TARTIGNY...... 16

Passage à niveau.

Descente avec passage à niveau dans le bas.

MESNIL-SAINT-FIRMIN 11.5

Croisement au haut de la côte.

BROYES. 8

Tout droit ; attention aux croisements.

Descente du coupe-gorge.

MESNIL-SAINT-GEORGES......... 3

MONTDIDIER. Sortir par la route de Rouen. Très mauvais passage à niveau.

A lire de bas en haut.

MONTDIDIER à BEAUVAIS

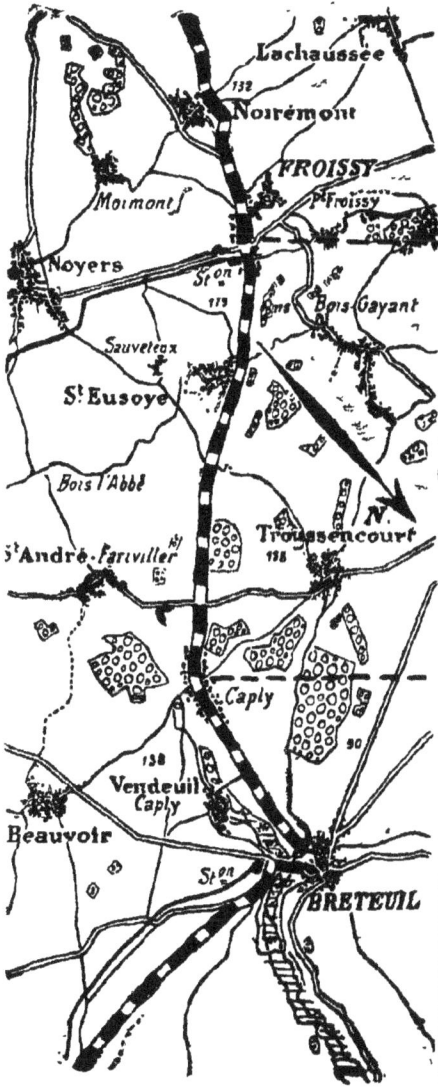

Route très bonne, mais accidentée.

FROISSY 30

Longue côte.

CAPLY 23.5

Virage à droite.

BRETEUIL..... 20.5
Pavé; traverser la ville et prendre la route de Beauvais très accidentée.

A lire de bas en haut.

MONTDIDIER à BEAUVAIS

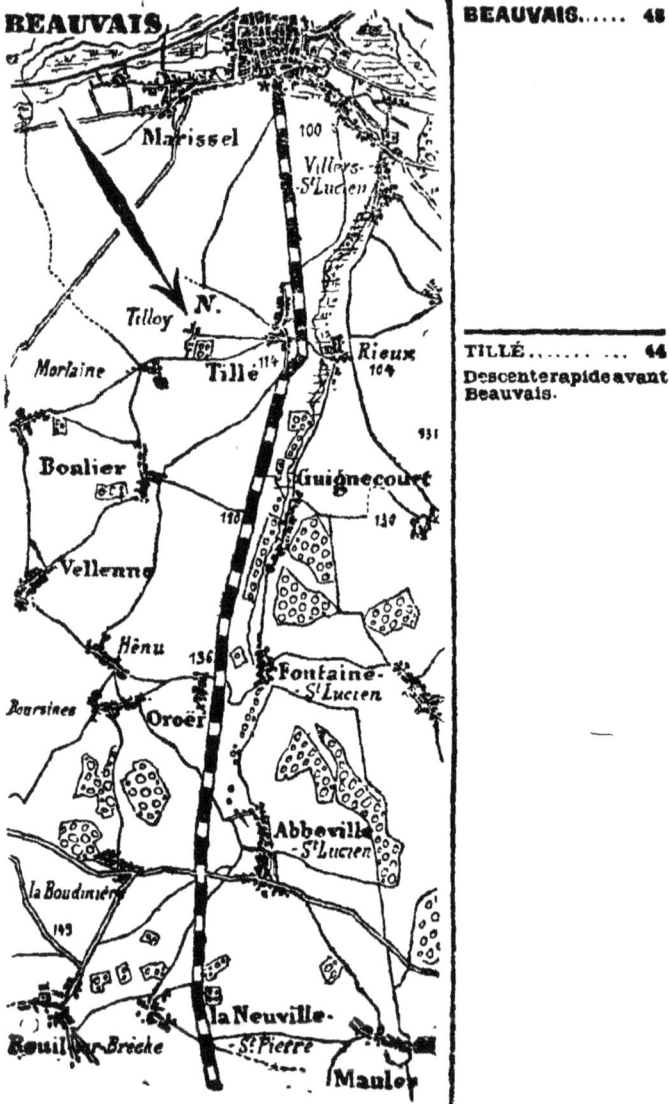

BEAUVAIS...... 48

TILLÉ........ ... 44
Descente rapide avant
Beauvais.

A lire de bas en haut.

EXCURSION aux Environs de MONTDIDIER

par

BOULOGNE-LA-GRASSE et DAVENESCOURT

Montdidier — Sortir par le boulevard de Compiègne, passer sur les deux ponts du chemin de fer.

Assainvillers — 4 k.

Rollot — 8 k.; au bout du village, virage à gauche sur Boulogne-la-Grasse. Curiosités : Buste de Galland, orientaliste, traducteur des mille et une nuits.

Boulogne-la-Grasse -- 12 k. Curiosités : Le chœur de l'église est du XIII⁰ siècle; vierge en bois du XIII⁰ siècle. Vestiges d'un ancien fort mérovingien et fossés d'un ancien château fort. Reconstitution d'un château style moyen-âge.

Fescamps — 16 k.; après le village traverser la route de Montdidier à Roye; avant Laboissière, passage à niveau.

Laboissière — 19 k.

Marquivillers — 20 k.

Guerbigny — 24 k.; virage à gauche, devant les écoles pour aller à Warsy. Curiosités : Visiter l'église.

Warsy — 26 k.; route accidentée.

Becquigny — 29 k.; par la vallée de l'Avre, très pittoresque. Passage à niveau.

Davenescourt — 31 k.; après le moulin, virage à gauche pour prendre la route de Contoire. Curiosités : Eglise remarquable. Château.

Contoire — 36 k. Curiosités : Eglise du XV⁰ siècle.

Pierrepont — 38 k.; à l'entrée virage à gauche très accentué; virage à droite après les écoles pour aller à Hargicourt. Passage à niveau. Prendre la vallée des Trois Doms pour rentrer à Montdidier.

Hargicourt — 39 k.; après le passage à niveau de Pierrepont, virer à gauche.

Bouillancourt — 42 k.; suivre la vallée.

Maresmontiers — 44 k.

Courtemanche — 49 k.

Montdidier — 52 k.; arrivée à la chapelle Saint-Médard.

EXCURSION aux Environs de MONTDIDIER

par

AILLY-SUR-NOYE et BRETEUIL

———

Montdidier — Sortir par la route de Rouen; après le passage à niveau qui est très mauvais, prendre la route de droite. Parcours très accidenté et pittoresque. Avant Fontaine, descente brusque.

Fontaine-sous-Montdidier — 4 k.; montée, puis descente rapide avec virage au bas de la côte : montée très accentuée vers Cantigny; sinuosités.

Cantigny — 6 k.; dans le village, suivre la route de droite.

Grivesnes — 9 k. Curiosités : L'église et le château. Reprendre la route d'Ailly, route accidentée et pittoresque.

Louvrechy — 19 k.; ralentir, croisement dangereux.

Ailly-sur-Noye — 22 k.; descente dangereuse dans la ville; après avoir passé le chemin de fer, prendre la deuxième rue à gauche.

Berny-sur-Noye — 25 k.; montée.

Chaussoy-Épagny — 28 k.; virage à gauche, descente.

La Faloise — 32 k.; descente; château ancien et belle vallée le long de la Noye; virage à gauche pour prendre la route de Folleville; passage à niveau; avant Folleville, croisement: montée.

Folleville — 35 k. Curiosités : Eglise du XIVe siècle. Ruines de la Tour de Folleville.

Paillart — 39 k.; un kilomètre avant Paillart, passage à niveau; traverser le village; route de droite pour aller à Breteuil; descente.

Breteuil — 44 k.; traversée sinueuse; pavés. Virage à gauche sur la place; suivre la première rue à gauche; montée. Après le moulin, passage à niveau; sinuosités et ondulations. Curiosités : Eglise des XIIe et XVIe siècle. Ruines de l'abbaye Sainte-Marie.

Bacouël — 50 k.; passage à niveau; montée sinueuse.

Le Mesnil-Saint-Firmin — 52 k.; tout droit; croisements; montée.

Broyes — 53 k.; joli panorama sur Montdidier; belle descente jusqu'au Coupe-gorge; virage, descente accentuée; montée sinueuse.

Mesnil-Saint-Georges — 59 k.; tout droit.

Montdidier — 63 k.

MONTDIDIER à SENLIS

Montdidier — Sortir par la rue de Paris, passage à niveau, montée.

Rubescourt — 5 k.; descente et montée rapide, traverser le village.

Tricot — 10 k.; traversée sinueuse; passage dangereux devant l'église, à la sortie de Tricot virer à droite, prendre la route de Pont-Sainte-Maxence, en passant sur la voie de raccordement de la fabrique de sucre; passage à niveau à droite, à 100 mètres virer à gauche. A visiter en passant, l'abbaye de Saint-Martin-au-Bois que l'on aperçoit à droite, avant Montiers.

Montiers — 17 k.; après la sucrerie, tourner à gauche; passage sous le pont du chemin de fer. — Curiosités : château moderne.

La Neuville-Roy — 20 k.; traverser le village, caniveau; à la sortie, garder sa gauche. — Curiosités : Eglise du XV⁰ siècle. Ruines d'une forteresse.

Eraine — 26 k.; à la ferme, tourner à droite, traverser le village.

Bailleul-le-Soc — 28 k.; après la mare, virage à gauche très accentué; un peu plus loin, passage à niveau; croisement dangereux de la route de Compiègne à Clermont; dos d'âne. En passant par Bailleul-le-Soc, on évite le mauvais pavé de Blincourt.

Saint-Martin-Longueau — 34 k.; virage à gauche, puis à droite; prendre la grande route jusqu'à Pont-Sainte-Maxence; passage à niveau.

Pont-Sainte-Maxence — 40 k; mauvais pavé, montée rapide après Pont. Curiosités : Beau pont du XVIII⁰ siècle. Eglise remarquable, style gothique et Renaissance. A un quart d'heure, restes de l'abbaye de Moncel. Forêt d'Hallate.
Variante : *pour éviter Fleurines, après la côte virage à gauche jusqu'au Poteau (faubourg de Senlis); virage à droite, laisser les haras a sa gauche, traverser la grande route de Fleurines, descendre tout droit et arriver à Senlis par la route du Moulin. Passage sur le pont du chemin de fer et arrivée sur les boulevards.*

Fleurines — 45 k.; mauvais pavé. Curiosités : Lieu de villégiature agréable. Belles promenades dans la forêt d'Hallate. A St-Christophe, mont Paynotte (belle vue sur la vallée de l'Oise).

Senlis — 50 k. Curiosités : cathédrale des XII⁰ et XVI⁰ siècles. Enceinte gallo-romaine. Château moyen-âge. Eglise Saint-Pierre, XVI⁰ siècle, et Saint-Frambourg, XII⁰ siècle. Ancienne abbatiale de Saint-Vincent, XII⁰ siècle. Excursions : dans les forêts de Chantilly, d'Hallate et d'Ermenonville.

MONTDIDIER — FORÊT de SAINT-GOBAIN
par
CHAUNY, COUCY-LE-CHATEAU et NOYON

Montdidier — Sortir par la route de Compiègne en passant sur les deux ponts du chemin de fer.

Assainvillers — 4 k.; tout droit.

Rollot — 8 k.; à la sortie du village, virage à gauche sur Boulogne-la-Grasse.

Boulogne-la-Grasse — 12 k.; au milieu du village, virer à droite. Curiosités : L'église et le château.

Conchy-les-Pots — 15 k.; traverser la route pavée; avant Roye-sur-Matz, passage à niveau. Curiosités : Ruines d'un château-fort.

Roye-sur-Matz — 19 k.; en entrant, virage brusque à gauche; après la côte, virage à gauche. Curiosités : Eglise du XIIe siècle.

Lassigny — 24 k.; virage à gauche, passer devant l'église.

Dives — 28 k. Curiosités : Eglise du XVIe siècle. Ruines d'un ancien château.

Cuy — 30 k.; traverser le village; montée.

Suzoy — 33 k.; sinuosités.

Larbroye — 35 k.; virage à gauche avant l'entrée; caniveau. Avant Noyon, passage à niveau; route pavée.

Noyon — 39 k.; traversée sinueuse, suivre le grand boulevard à droite, tourner à droite sur la route de Chauny. Curiosités : Statue de Jacques Sarrazin. Ancienne cathédrale du XIIe siècle. Abside. Sainte-Chapelle, bibliothèque des Chanoines, XVe et XVIe siècle. Porche XIVe siècle. Cloître XIIIe siècle. Restes de l'Evêché. Hôtel de ville style gothique. Hôtel Dieu. Fontaine. Vieilles maisons.

Babœuf — 45 k.; belle route droite.

Marest — 50 k.; tout droit.

Chauny — 55 k.; traverser la ville en passant devant la mairie; sortir par la route de Soissons; passage à niveau et ponts sur le canal et l'Oise; virage à gauche sur la route de Laon; passage à niveau. Curiosités : Hospice Sainte-Eugénie. Hôtel de ville. Eglise style Renaissance. Manufacture de Glaces.

Sinceny — 58 k.; tout droit; montée.

Amigny — 61 k.; descente; croisement.

Saint-Gobain — 62 k.; à l'entrée, passage à niveau; faire attention au tramway sous le pont. Curiosités : Manufacture de Glaces. Belle forêt.

MONTDIDIER — FORÊT de SAINT-GOBAIN

(Suite)

Septvaux — 69 k.; prendre la route de droite pour aller à Coucy; nombreuses sinuosités; descente dangereuse.

Coucy-le-Château — 78 k.; site pittoresque; arrivée par la Porte de Laon. A la gare, passage à niveau; au hameau de La Feuillée, croisement; virer à gauche, traverser le canal.
Curiosités : château XIIIᵉ et XVᵉ siècles, fort remarquable, donjon, haut. 64ᵐ, diam. 31ᵐ; vue splendide du haut du château. Portes de Laon et de Soissons.

Guny — 82 k.

Trosly-Loire — 85 k.

Saint-Aubin — 88 k.

Blérancourt — 91 k.; sinuosités; pavés. Curiosités : Eglise des XVIᵉ et XVIIᵉ siècle. Restes d'un château. Hôpital du XVIIᵉ siècle.

Camelin — 93 k.

Cuts — 96 k.; 6 caniveaux sur 700ᵐ dans Cuts et mauvais pavés ; ralentir. Curiosités : Château des XVᵉ, XVIIᵉ et XIXᵉ siècles. Eglise, chœur du XIᵉ siècle.

Pontoise — 101 k.; pavés, ralentir; à la sortie. pont suspendu.

Noyon — 106 k.; prendre la première rue à droite sur la route de Compiègne.

Larbroye — 110 k.; caniveau; route de droite à la sortie.

Suzoy — 113 k.

Cuy — 117 k.; montée.

Dives — 119 k.; pavés.

Lassigny — 122 k.; virer à droite après l'église.

Roye-sur-Matz — 126 k.; au milieu du village, virer à droite; virer à gauche, puis à droite.

Conchy-les-Pots — 130 k.; traverser la route pavée.

Boulogne-la-Grasse — 133 k.; au milieu du village, virer à gauche.

Rollot — 137 k.; virer à droite.

Assainvillers — 141 k,; tout droit.

Montdidier — 145 k.

RENSEIGNEMENTS GÉNÉRAUX

Chemins de fer. — La gare de Montdidier est le centre d'un réseau de voies ferrées rayonnant dans les six directions ci-après :

PARIS (100 k.) par Saint-Just (21 k.) (*changement de ligne*); Creil (51 k.), Chantilly (61 k.).

COMPIÈGNE (37 k.) par Tricot (10 k.), Estrées-Saint-Denis (20 k.).

AMIENS (36 k.) par Moreuil (15 k.), Boves (27 k.).

BEAUVAIS par Saint-Just (21 k.) et La-Rue-Saint-Pierre (*changements de ligne*).

LILLE par Amiens (36 k.), Arras et Douai.

ALBERT (60 k.) par Rosières (21 k.) (*ligne départementale*).

Voies d'accès à Montdidier (pour automobiles) :

De PARIS : Porte-Maillot, Neuilly, route de la Révolte, Saint-Denis, Écouen, Luzarches, Chantilly, Creil, Clermont, St-Just-en-Chaussée, Montdidier (106 k.). *ou* : Chantilly, Senlis, Pont-Ste-Maxence, Montdidier (97 k.).

De LILLE : Douai, Péronne, Roye, Montdidier; *ou* : Douai, Albert, Rosières, Montdidier (137 k.).

De BOULOGNE-s/-MER : Montreuil, Abbeville, Longpré, Picquigny, Amiens, Boves, Moreuil, Montdidier: *ou* : Abbeville, Ailly-le-Haut-Clocher, Flixecourt, Picquigny, Amiens, Moreuil, Montdidier (160 k.).

Du TRÉPORT : Abbeville (*comme de Boulogne*) (110 k.).

De ROUEN : Gournay-en-Bray, Beauvais, Breteuil, Montdidier (124 k.).

De SAINT-QUENTIN : Nesles, Roye, Montdidier (65 k.).

Poste, Télégraphe et Téléphone. — Bureau rue de la Poste : Ouvert de 7 heures du matin à 9 heures du soir en été; de 8 heures du matin à 9 heures du soir en hiver.

Le Dimanche, le télégraphe reste seul ouvert après 10 heures, pour les bureaux complets.

Levées à 4 h. 15; 5 h. 50; 9 h. 20; 1 h. 25; 3 h. 30; 6 h. 05; 8 h. 35. Distributions à 6 h. 30; 11 h.; 2 h. 45; 4 h. 40.

Il existe une boîte à la gare, qui est levée une 1/2 heure après celle du bureau de la ville.

Voitures. — S'adresser à M. Thiémé, hôtel Saint-Éloi, prix à débattre.

A la gare il y a deux omnibus de ville; Tarif : 0 fr. 25 par voyageur et par colis.

Maisons recommandées : page 153.

Musées. — Il n'y a pas de musée proprement dit ; une collection est à voir à l'Hôtel de ville ; les tapisseries au Palais de Justice, s'adresser aux concierges.

Bibliothèque Municipale. — Ouverte le Dimanche de 10 heures du matin à midi.

Hôpital. — Médecin en chef : D'Henry.

Culte : Messe à Saint-Pierre à 6 h. ; 7 h. ; 8 h. ; 9 h. et 10 h. 1/2 ; à Saint-Sépulcre à 6 h. 1/2 ; 8 h. ; 9 h. ; 10 h. 1/2.

Association Générale Automobile (A. G. A.). — Délégué : M. Grou.

Touring-Club de France (T. C. F.). — Délégué ; M. Lorillard.

Union Vélocipédique de France (U. V. F.). — Consul : M. Asselin.

Commerce et Industrie

La **Laiterie Amiot** dont le siège social est à Levallois-Perret, 56, rue Rivay, a été créée pour procurer aux familles le meilleur lait.

Elle s'est attachée principalement aux contrées où les pâturages offrent la garantie d'une nourriture saine et abondante.

En toute sécurité les mères de famille peuvent allaiter leurs enfants avec ce lait, dont la fourniture soignée est suivie et régulière. En aucun cas l'administration n'en change la provenance, ce qui évite, pour les enfants, un changement continuel de lait, pernicieux pour la santé.

D'autre part un service est chargé de la surveillance des étables, tant au point de vue de la qualité et propreté du bétail qu'aux soins apportés à la pasteurisation du lait.

La Laiterie Amiot, soucieuse de la santé publique et de l'enfance en particulier, n'additionne son lait d'aucun produit étranger ou conservateur, recommande aux mères de famille de toujours tenir le lait dans un endroit frais ou, mieux encore, pendant les temps orageux, de le faire bouillir dès son arrivée à domicile.

La succursale de Montdidier, 8, rue de Tricot, ramasse le lait des environs; de plus, elle vient d'établir, 3, place Parmentier, un dépôt où l'on peut acheter beurre, œufs, café de première qualité, et sa spécialité brevetée : " Lait oxigéné Amiot ".

Son lait pasteurisé est vendu sous le contrôle du laboratoire municipal dans 85 dépôts de Paris, banlieue et province.

Aciéries de Montdidier. — Nous avons à parler maintenant d'une industrie toute récente ici et que l'on peut à bon droit s'étonner de rencontrer dans un centre peu industriel par lui-même ; mais étant donnés la nature des produits fabriqués et les frais relativement peu élevés que nécessitent le transport des produits usinés, en comparaison de leurs prix de vente, on s'explique très facilement le choix de la position de cette usine qui se propose d'atteindre surtout la clientèle de Paris et de la région du Nord, les deux centres industriels les plus importants de France.

Frappés de ce fait que notre pays, malgré l'effort considérable accompli depuis plusieurs années, reste encore tributaire de l'étranger pour la fabrication de l'acier et encore plus pour celle des aciers à outils, M. ANDRÉ ÉTIENNE et ses associés ont réalisé le projet de faire concurrence aux aciers spéciaux, dits " Anglais " sur le marché français.

Grâce à la compétence, à la longue pratique, à la grande habileté professionnelle, conséquence de longues recherches et d'études très approfondies de M. ÉTIENNE, qui lui ont valu une médaille d'or à l'Exposition de Saint-Denis en 1909, les Aciéries de Montdidier produisent des aciers à outils à coupe extra-rapide (marques déposées : " *Fulgur* ", " *Aéro* ", " *Chanteclair* "), dont les performances ont fait l'étonnement des industriels, tant au point de vue résistance, vitesse de coupe, etc., qu'au point de vue de leur mode tout spécial de trempe, qui est lui-même un argument très important en faveur de leurs qualités et surtout de leur grande *homogénéité*.

On ne saurait trop recommander aux industriels, ayant vraiment le souci de progresser et désirant améliorer le rendement économique de leurs installations en perfectionnant leur outillage et par suite leurs moyens de production, de faire l'essai des aciers de cette usine.

Cette Société, grâce à la compétence pratique et théorique de ses dirigeants, M. ÉTIENNE et MM. MERCIER Frères, tous deux Ingénieurs des Arts et Manufactures, est appelée au plus grand développement.

Indépendamment de ces aciers tout à fait spéciaux, les Aciéries de Montdidier produisent encore des aciers fondus au creuset, au nickel, chrôme, vanadium, etc., pour tous les usages de l'outillage moderne : fraises, tarauds, poinçons, cisailles, matrices, filières, etc. ; burins, bédanes, tranches, étampes, enclumes, etc.; le tout d'excellente qualité et défiant toute concurrence.

*
* *

A l'Alsace-Lorraine. — Sous ce titre existe, rue Parmentier, une ancienne et bonne Maison qui a toujours jouit d'une fidèle clientèle. Autrefois M. Gerling-Guérin, et actuellement M. DESCAMPS-GERLING, en on fait un véritable magasin de nouveautés.

Dans ses rayons, les Montdidériens peuvent trouver ce qu'ils désirent : étoffes pour le vêtement et l'ameublement; toiles, coutils, velours ; lingerie et bonneterie; articles de travail et de sport; modes et confections ; vêtements imperméables; fourrures ; chapellerie ; parapluies, etc...

Un excellent coupeur permet à la Maison d'habiller aussi bien que les tailleurs les mieux réputés.

Aussi Monsieur Descamps-Gerling voit-il tous les jours accroître sa bonne clientèle.

*
* *

En montant la côte de la rue Parmentier, quatre maisons au-dessus de l'église Saint-Sépulcre et sur le même rang,

vous voyez deux grandes façades et sur la devanture :
" **A la Ménagère** " Georges Bertrand. — Cette Maison
est plus que séculaire et les Bertrand s'y succèdent de
pères en fils.

Ces magasins sont les mieux situés de toute la ville, en
y entrant on est frappé par leur installation et leur assortiment; on croirait entrer dans un des grands magasins de
Paris. Tous les articles de ménage, objets de fantaisie, y
sont représentés; toutes les nouveautés, les dernières créa-
tions s'y trouvent.

En chauffage se voient des appareils en émail, en céra-
mique primés aux expositions. M. Bertrand les fait poser
gratuitement par un fumiste attaché à la Maison.

En éclairage on peut y trouver des idées pour toutes
installations : becs à incandescence au gaz, à l'essence, au
benzol, à l'alcool, et enfin tout ce qui actuellement révolu-
tionne le monde.

Pour ce qui concerne les cycles et automobiles la maison
Peugeot a confié son dépôt d'accessoires, bicyclettes, ma-
chines à coudre, essence, huile, etc.. à M. G. Bertrand;
un mécanicien toujours présent, s'occupe des réparations.

N'oubliez pas d'entrer dans les deux magasins, 9 et 11
rue Parmentier, vous verrez que tout ce qui est moderne
s'y trouve rassemblé.

* *
*

La **Brasserie de Montdidier**, dont l'existence remonte
à plus de cent cinquante ans, était autrefois entre les mains
de deux brasseurs. La fusion s'est faite il y a une quinzaine
d'années.

Très prospère il y a trente ans, cette brasserie avait
beaucoup perdu par suite de diverses circonstances, entre
autres l'abondance des vins.

Depuis cinq ou six ans, les perfectionnements apportés dans la fabrication, ont fait reprendre un nouvel essor à cette industrie essentiellement française par ses origines. En 1911, une nouvelle direction fut donnée à cette brasserie; elle fut reconstruite de fond en comble et les procédés de brassage furent complètement modernisés. Ainsi modifiée, elle est à même de fournir abondamment d'excellente bière à sa clientèle, qui ne fait qu'augmenter de jour en jour.

.˙.

Le **Café Français** a été fondé il y a quinze ans par M. Dauzet, Lieutenant commandant la Subdivision des Sapeurs-Pompiers de Montdidier. M. Dauzet aujourd'hui décédé avait su mener à bien la prospérité de cet Établissement.

M. Sylvain Dieudonné a succédé à M. Dauzet et maintient l'excellente réputation du Café Français qui est aujourd'hui un Établissement de premier ordre. C'est là que se donnent rendez-vous les joyeux camarades du non moins joyeux **Sylvain** et les nombreux touristes de passage à Montdidier. C'est là également que tous les samedis les cultivateurs de notre région se réunissent pour traiter les affaires.

Le Café Français se trouve place de l'Hôtel de Ville n° 29; téléphone n° 41.

.˙.

Charbonnages. — Différentes Compagnies Houillères sont représentées à Montdidier par M. Louis Dransart depuis 1898. A cette époque il venait des Mines de Lens (Pas-de-Calais) où, fils d'ouvrier mineur, ancien ouvrier mineur lui-même, il fut employé dans les services de l'Exploitation et du Commerce de cette grande Société Minière.

M. Dransart traite d'importantes affaires avec les négociants en charbons et les industriels. Son rayon d'action s'étend dans plusieurs départements.

Outre ses fonctions d'Agent de Charbonnages, M. Dransart est Directeur régional-Fondé de pouvoirs des grandes Compagnies françaises d'assurances : *La Paternelle* (Incendie-Vie-Rentes viagères); *La Providence* (Accidents); *L'Étoile* (Grêle). Bureaux : 20, place de l'Hôtel de Ville; téléphone n° 9.

.*.

Circuit Électrique de Montdidier. — La dernière grande nouvelle est l'introduction à Montdidier de la lumière et de la force électrique. Une société se constitue actuellement sur des bases solides pour l'installer dans la région. Le rayon dont notre ville est le centre, s'étend sur au moins 40 kilomètres.

Ce progrès donnera à notre pays un cachet de modernisme qui sera pour les touristes un attrait de plus. Grâce à la fée électricité ils trouveront dans nos plus petites bourgades le confort des grands centres.

Quand au point de vue industriel il est inutile de dire quels avantages immenses l'électricité procurera; elle sera pour les usines comme pour les exploitations agricoles du plus grand secours et l'accueil chaleureux qui est déjà fait aux propositions de la Société nous est un sûr garant de la réussite de l'affaire.

.*.

Le " **Franc-Parleur** " journal républicain, qui défend dans notre arrondissement la politique libérale et progressiste, a été fondé le 30 juillet 1893, par M. Félix Fabart, qui veut bien encore y collaborer et qui y publie, sous le titre " *Miscellanées* ", des documents fort intéressants d'histoire locale.

Le journal fut, d'abord, hebdomadaire. Il paraissait le dimanche et son prix était de 4 francs par an à l'abonnement ; le numéro 0.10 centimes. En 1894, il devint bi-hebdomadaire et le prix de son abonnement fut doublé. M. Félix Fabart dirigeait toujours cet organe dont le siège était à Montdidier, 15, place Parmentier. En mai 1905, le *Franc-Parleur* devint la propriété d'une Société anonyme qui s'était donné pour mission de développer, par le moyen de cet organe, les principes de la République libérale et progressiste dans l'arrondissement.

Le format fut agrandi ; le prix de l'abonnement porté à 10 francs par an, puis le journal parut trois fois par semaine.

Après avoir été dirigé successivement par MM. D. Bontemps et J. Périn, sa fortune fut confiée à M. Camille Binet, collaborateur de la première heure qui, à la plus grande sincérité dans les opinions qu'il défend, avec un talent auquel on a bien voulu rendre hommage, joint une connaissance approfondie de la technique, ce qui permet d'envisager, pour ce journal, un avenir sinon brillant, du moins exempt de toute inquiétude.

Sous la direction de M. Camille Binet le *Franc-Parleur*, devenu le journal de la famille, conservera vivaces les traditions du vrai libéralisme républicain, et sa prospérité nous parait dès à présent assurée.

* *

La Maison de faïences et verreries située au 16 de la rue Parmentier, en face de l'église Saint-Sépulcre est de très ancienne fondation, elle remonte à près d'un siècle et a été tenue successivement par les familles Lesturgie-Marais et Gallois-Lesturgie.

Depuis 1885, c'est-à-dire depuis 27 années elle est la propriété de M. et de Mme **Grenon–Leroux**; ces commerçants y ont apporté de très importantes améliorations comme choix et comme grand assortiment; ces divers changements étaient nécessaires en raison des communications beaucoup plus faciles avec les grands centres.

Au 18, a été installé depuis 1887 un important commerce de couronnes mortuaires; perles, métal, celluloïd, majolique; vases et jardinières en fonte, enfin tous articles funéraires s'y trouvent en quantité; un assortiment complet de fleurs artificielles, de bouquets à la main répond à tous les désirs de la clientèle.

La Maison de faïences et verreries comporte également la porcelaine et le cristal; les articles de fantaisie pour cadeaux; les services de table, à café et à thé; les bouteilles et bouchons et articles de cave, les cloches à jardins; la location de vaisselle pour noces et banquets; on y trouve aussi les couverts en orfèvrerie Christofle et les couverts en métal ferré et en fer étamé.

Depuis quelques années on a inauguré un commerce de coutellerie de table, de poche et de ciseaux en tous genres; enfin un très bel assortiment d'articles souvenirs soit avec vues, soit aux armes de la ville, attire la clientèle des touristes par la modicité de ses prix et la variété de ses modèles.

La Maison Grenon-Leroux se fournit dans les meilleures et les plus anciennes fabriques et peut facilement soutenir une concurrence loyale, son principe ayant toujours été de vendre en toute confiance.

Maison d'Épicerie en Gros, Vins et Spiritueux fondée
en 1888 par M. Robert-Modeste. De 1901 à 1904 la raison
sociale fut Robert et Lécuyer.

M. Maurice Lécuyer nous venait de Boulogne-sur-Mer
dont il est originaire. Après cette période de trois ans
d'association il reprit l'affaire pour son compte et devint
Montdidérien par son mariage.

M. Lécuyer après avoir servi dans les principales maisons
de commerce de France et d'Angleterre a de qui tenir. Sa
maison de Montdidier n'a fait que prospérer grâce à sa
grande activité et sa connaissance indiscutable des affaires.
Les commerçants de la région n'ont que d'agréables rela-
tions avec elle et on peut dire que la Maison **Lécuyer-
Vaquez** a pris une importance énorme. En raison de
la diversité de ses produits elle s'est rendue presque in-
dispensable aux débitants, épiciers, marchands de vins,
bières, alcools, etc.

Tout peut y être demandé et tout contribue à rendre
la Maison Lécuyez-Vaquez une des premières Maisons de
Gros de la Somme et de l'Oise.

Sur la place et presque en face de l'Hôtel de Ville se
trouve la **Pharmacie Raison**.

Son existence se rattache à Parmentier qui gérait alors
la pharmacie de madame veuve Lagouelle (cette pharmacie était installée dans la maison occupée aujourd'hui par
madame Rousseau-Carré). Il fit venir pour le remplacer
un de ses amis d'Arras, Monsieur Gamot, et pendant cent
dix ans des Gamot se succédèrent sans interruption dans
cette officine. Monsieur Raison l'a reprise en 1904 et en

ses mains la maison a gardé la bonne réputation établie depuis si longtemps.

.•.

CHASSEURS adressez-vous à

VALERY RUBÉ

ARQUEBUSIER

*Vous y trouverez Armes
et Munitions.*

*
* *

Montdidier ayant été très éprouvé par suite de divers krachs financiers, la Société Générale, de Paris, au capital de 400 millions de francs, dont la création remonte à près de 50 ans, n'a pas hésité à fonder dans notre ville un bureau qui offre à sa clientèle tous les services que cet important établissement de crédit met à la disposition des capitalistes et commerçants des grandes villes.

Le bureau modeste installé en 1903, place Parmentier n° 9, étant devenu insuffisant, le Conseil d'Administration de la **Société Générale**, pour répondre aux besoins de sa clientèle toujours grandissante, a transféré le bureau au n° 23 de la place de l'Hôtel de ville, dans un local beaucoup plus vaste, où elle a eu l'heureuse idée d'organiser un service de coffres-forts à un prix tout à fait minime, mettant ainsi sa clientèle à l'abri du vol et de l'incendie pendant les périodes de villégiatures et de vacances.

La progression constante de son chiffre d'affaires est une preuve que notre cité avait besoin d'une grande banque française de l'importance de la Société Générale qui y traite toutes opérations d'achat et de vente de titres aux conditions des grandes villes et qui paie sans aucuns frais, tous les coupons qui lui sont présentés.

Téléphone n° 10.

*
* *

L'Hôtel Saint-Éloi a été créé il y a 50 ans par M. Henri Thiémé.

Sa réputation était déjà excellente quand, en 1896, il fut repris par M. Léon Thiémé, son fils.

Complètement reconstruit, l'Hôtel Saint-Eloi attire les nombreux visiteurs de la Région. Chauffage à la vapeur, garage automobile, chambre pour photo ; tout ce qui peut plaire au voyageur moderne s'y trouve.

M. Thiémé a été récompensé d'une médaille d'argent par le Touring-Club.

Un omnibus de l'Hôtel assure la correspondance à tous les trains et une nombreuse et bonne cavalerie permet de mener les excursionnistes dans les environs.

.˙.

Épiciers, Marchands de Nouveautés, Comestibles, et tous qui avez besoin de sacs, papiers d'emballage, adressez-vous à la Maison **Wolf, Maunoury et Cie,** 10, rue Coquillère, Paris. Ils vous enverront leurs échantillons et prix et vous trouverez chez eux ce qu'il vous faut.

Numéros de Téléphone des Abonnés de Montdidier

63 Aciéries de Montdidier, route de Rouen.
12 Allard, grains, rue de Saint-Quentin, 3o.
62 Amiot, Laiterie de Montdidier, rue de Tricot, 8.
36 Amson Frères, place de la République.
66 Asselin, assurances, rue Gambetta.
64 Auguet, boucher, rue Parmentier, 29.

37 Bertrand, " A la Ménagère ", rue Parmentier, 9 et 11.
21 Blin, architecte, rue de Roye.
31 Boulongne, négociant en vins, rue Gouilliard.
55 Bourgois, receveur de rentes, rue Cappronnier, 3.
54 Braut-Portemer, boucher, rue d'Amiens.
27 Buffet de la Gare.

8 Cachelou, avoué, rue Scellier.
11 Café du Commerce, Pargon, place de l'Hôtel-de-Ville, 13.
41 Café Français, Dieudonné, place de l'Hôtel-de-Ville, 29.
10 Cauet (Fernand), agent général d'assurances, rue Ballin.
5 Cauet (Louis), notaire, rue de Roye, 31.
4 Chapuis, notaire, rue Caussin-de-Perceval, 14.
1 Compagnie du Chemin de fer du Nord, Gare.
46 Compagnie du Gaz, route de Rouen.

52 Decourt, marchand de chevaux, avenue Victor-Hugo, 8.
17 Deflandre, avoué, rue Caussin-de-Perceval, 10.
38 Deleval, peaux, chiffons, vieux métaux, rue du Santerre, 24.
9 Dransart, agent gén. de charbon., place de l'Hôtel-de-Ville, 20.
29 Dumont-Lecointe, grains, rue Amand-de-Vienne.
48 Durot, agriculteur, ferme d'Abbémont.

39 Fournier, charbons, route de Rouen, 15.
18 Fourrier Fils, grains et engrais, avenue de la Petite-Vitesse.
61 Fourrier Eugène, boulevard de Compiègne, 39.
30 Friesenhauser, minoterie.

34 Gaudeaux, fers et bois, rue Parmentier.
25 Gilloteaux, courtier-commiss., boulevard de Compiègne, 1.
26 Gros, Brasserie de Montdidier.
20 Grou-Radenez, imprimeur, rue Bourget, 3.

28 Henry (Jules), docteur en médecine, rue Cauvel-de-Beauvillé, 6.
3 Hôtel du Cygne, Lejeune, louag., rue de Roye, 1.
50 Hôtel de la Gare, Palot-Milon, avenue Carnot.
7 Hôtel Saint-Éloi, Thiémé, louag., place Faidherbe, 2.
13 Hugot, notaire, rue de Roye, 24.

2 Labbée, rue de Roye, 14.
16 Labruyère et Cⁱᵉ, fabricants de sucre, Laboissière.
32 Lacroix, pharmacien, rue de Roye, 13.
35 Lamart, huissier, rue de Roye, 54.
23 Lécuyer, épiceries, vins et spirit. en gros, rue Charles-Mangot, 3.
53 Ledieu Stelly, boucher, rue de Paris.
43 Lesobre, vétérinaire, rue de Roye, 36.
45 Lévêque, docteur en médecine, rue Galoppe-Donquaire, 2.
42 Liébert, docteur en médecine, rue Galoppe-Donquaire, 27.

22 Masset, huissier, rue Galoppe-Donquaire, 12.
56 Massy-Sommermont, négociant, rue Eustache-Lesueur, 12.

15 Pia, tanneur, rue des Tanneries.
6 Pisier, avoué, rue Saint-Pierre, 12.
33 Porteneuve, boucher, place de l'Hôtel-de-Ville, 31.
40 Prévost, pâtissier-restaurateur, place de l'Hôtel-de-Ville, 38.

49 Raison, pharmacien, place de l'Hôtel-de-Ville, 4.
65 Renault Frères, entrepreneurs de maçonnerie, rue du Santerre.
60 Robert, sellier-bourrelier, rue Parmentier.

57 Service des Eaux de Montdidier, usine.
58 Sévillia, bois, charbons, matériaux de constr., route de Rouen.
10 Société Générale, banque, place de l'Hôtel-de-Ville, 23.
24 Sous-Préfecture de Montdidier, rue Jean-Dupuy, 7.

47 Vaillant, huissier, rue de Bertin, 4.
59 Vasseur, avoué, rue Jean-de-la-Villette, 7.
44 Vignal, quincaillier, place de l'Hôtel-de-Ville, 1.
14 Villeneuve-Bargemont (de), château de Davenescourt.

Une boîte aux lettres du dernier modèle vient d'être apposée à l'Hôtel de Ville, les heures de levées sont les suivantes :

8 h. 38 - 12 h. 58 - 3 h. 07 - 5 h. 38 - 7 h. 58 - 8 h. 25

Imprimerie
GROU - + +
RADENEZ.
MONTDIDIER
+ (Somme)

www.ingramcontent.com/pod-product-compliance
Lightning Source LLC
Chambersburg PA
CBHW052055090426

42739CB00010B/2189